ちくま新書

ナショナリズムの復権

先崎彰容
Senzaki Akinaka

1017

ナショナリズムの復権【目次】

第三章 独裁者の登場——吉本隆明『共同幻想論』

はじめに──ナショナリズムの論じ方

このごろ日本が騒がしい。

日々事件が起きる。とくにここ数年はそうだ。眼の前で起きる出来事について意見したい、何かを論じたいという誘惑に私たちは駆られる。孤独死の恐れもある高齢の単身者をどうするのか。若者の不安定な雇用は未婚者を増やし、少子化につながってしまうが、そのための対策はなされているのだろうか。そして何よりも震災復興をどう進め、長引くデフレからどう脱却することができるのか等々。

課題は国内だけに限らない。日本近海にも問題が起こっている。ロシアが唐突に対日戦勝記念式典を行い、大統領みずからが北方領土を訪問したのは、東日本大震災直前のことであった。中国の民間漁船が領海侵犯のうえ船長が逮捕される。すると中国政府は、レア・アースの対日輸出禁止や民間日本人の拘束を含めた対抗策を打ってきた。それもロシアの事件とほぼ同じ時期のことである。

国家間のきしみにつけ込むのが外交の基本だとしたら、震災後の韓国も外交の基本に忠実だったということになる。天皇への謝罪要求をした李大統領に対し、「遺憾の意」を書いた野田首相の親書ははねつけられたからだ（二〇一二年八月二二日）。

私たちの前で起こる問題はきわめて多様である。一つひとつの問題に対して、国際関係や政治経済の専門家が、さまざまな意見を述べる。彼らの意見は時代に密着し、即応しているだけにきわめて魅力的なものだ。私たちの知的興奮を刺激してやまない。

だが、実は、私たちは「同じ問題」の周囲を堂々巡りしている。もっとも重要なことをあえて問わないために、忙しいおしゃべりばかりしている。

慌ただしい議論の背後に、ある共通した問題、もっと根深い課題がある。だがそれを直視せずに、私たちは相次ぐ事件をただ「こなしている」だけなのではないのだろうか。

その課題とはナショナリズムとは何か、という問いである。

この国は世界でどう振る舞い、さまざまな国家を相手に今後何を主張していくのか、という問いである。

たとえば今、アメリカを含めた太平洋を囲む国々で、ヒト、モノ、金、保険などのサービスすべてを「自由化」しようという動きがある。すなわちTPP（環太平洋戦略的経済連携協定）のことである。日本がこの動きに参加するのかどうか、アメリカと交渉すること自体は、いささか乱暴に言えば時事的な問題の一つに過ぎない。

本当に問われているのは、私たちがつくりあげてきた制度、秩序、常識などすべてが、これまで以上にアメリカ化していいのかという問題なのである。それは必ずしもアメリカ批判を意味しない。日本人自身が、自分の国をどうしたいのか、どのようにデザインしたいのかという問いだからだ。問われているのは、日本の国柄それ自体であり、私たちの生活スタイルをどうするかということだ。ナショナリズムへの問いが、諸問題を後ろから支えている。

ナショナリズムをひたすら解体・否定すべき対象としてとらえる時期はとうに過ぎ去った。人間と社会のあり方を根本的に考えるには、国家を考えるよりほかにないからだ。どのような政治的立場に立つとしても「ナショナリズムとは何か」という問いに真剣に答え、国家観の軸を定めておかなければ、湧き起こる問題の解決の道を自らの手で切り拓いていくだけの力を持つことはできない。アメリカばかりでなく、もはや小国ではない近隣アジア諸国のナショナリズムを正確に理解し、向きあうことすらできない。

＊

ナショナリズムを知るために、この本では数人の思想家と真剣に格闘する。もちろんナショナリズム論の名著を読むからと言って、単なる解説本というわけではない。そのような本を書くつもりはない。

第二次大戦後の資本主義諸国は、リベラル・デモクラシーこそ正しいと主張した。戦後デモクラシーは、現代日本の思想空間でいまだに大きな力をもっている。だが今や、これらは国家を考える際の「基準」とはならないのであって、むしろそれらへの違和を表明したハナ・アーレントや吉本隆明、そして柳田国男といった人々の著作が参考になる。彼らは「全体主義」のなかに何を目撃したのか、その結果、ナショナリズムはどうあるべきだと考えたのだろうか。

さらに江藤淳、橋川文三《ぶんそう》、丸山眞男らはナショナリズムをめぐって、どのような思想的対決をくり広げてきたのか。今、忘れられつつある彼らは戦後思想の代表選手であり、当時、知識人としてのプライドをもって激しくぶつかりあった。そこには人間と世界の関わり方、人間の心の闇にまで恐れることなく踏み込んでいき、ナショナリズムを問いつめる気迫があり、私たちを魅了してやまない。ポピュリズムに堕することなく、また全体主義のような、まがいものの集団とも違う、本当のナショナリズムの姿に迫ろうとしている。

ナショナリズムは、ここ数年あるような政治的単位と民族的単位とが一致すべきといった議論にはなじまない。そうした形式的な議論をこえた不可思議な力をもつ。

また大衆や市民をとてつもなく理想化し、下からの民衆運動は肯定されるべきもの、というものでもない。か細い手で書物をめくりまとめあげ、紙面の上に位置づければ済むようなものではないのである。躍動し、興奮させ人を虜《とりこ》にするもの、しかしだからこそ冷静に考えるべきもの、それがナショナリズムである。従来の定義を超えて、みずからのアイデンティティにとって、必要不可欠なものとしてナショナリズムはある。各自がもたずにはいられない思想、それがナショナリズムなのである。

これから取りあげる思想家のことばは、こういったナショナリズム論にまで届いている。だから読むに値する。品のよいまとめなど、とても許してくれない。以下で筆者は、今、ナショナリズムを考えるためにどうしても必要だと思われる数冊の書物と、とことんつきあってみる。細部にまで分け入り、聞き耳を立て、一行一句に秘められたメッセージに電流に触れたように驚き、それを言葉にしてゆきたいのだ。

ナショナリズムと無縁ではいられない現代人の精神構造、ほかならぬ私たち自身を明らかにするために、国家をみずからの課題として引き受けてみようではないか。せわしない世の流れに逆らいながら、数冊の書物にじっくりとつきあってみないか。

そして激変する国際環境に左右されない、ナショナリズムへの確実なイメージを手にしようではないか。

ナショナリズムの復権とはそういう意味なのである。

第一章

ナショナリズムへの誤解を解く

1　ナショナリズムをめぐる三つの誤解

†三つの誤解

ナショナリズムは誤解され続けている。

この国で国家を語ろうとすれば、どうしても心がざわめく。肯定否定いずれにせよ、いまだにある興奮をともなわずには国家を語ることはできない。

だがそれは、思えば奇妙なことだ。なぜなら戦前には、騒がしい世間とは一切関わりなく、国家を考えぬいた思想の巨人がいたからである。

思いつくままに例をあげよう。たとえば、福沢諭吉（一八三五～一九〇一）は、今の時点でまず考えるべきことは国家の独立であり、「先《ま》ず日本の国と日本の人民とを存してこそ、然《しか》る後《のち》にここに文明の事をも語るべけれ。国なく人なければこれを我日本の文明というべからず」〔福沢一九九五―二九八〕と言っていた。

究極の理想である文明社会にいたるには、それなりのプロセスが必要である。すぐに理想の世界になどたどりつけない。今私たちが立っているのは、このプロセスのなかで、まずは国家の独立を目指すべき段階なのである。激しい国際競争、「外国交際」を泳ぎきるだけの体力を日本はもたねばならない、そう福沢は考えた。上野で政府軍と彰義隊が戦争しているときですら英書を読み、いかに混乱しようとも慶應義塾のある限り、日本は世界の文明国であると生徒を激励した。血を流すことだけが、国家を支えることではないと思ったからだ。

また東洋のルソーと呼ばれる中江兆民（一八四七〜一九〇一）は、『社会契約論』を翻訳した人として教科書でもおなじみである。

その彼は、二年余にわたるフランス留学を終えて帰国した直後から漢文をならい始め、ルソー（一七一二〜七八）の主著を漢文で翻訳した。この衝撃的な事実はあまり知られていない。ヨーロッパの自由の精神は、中国の古典『孟子』のうちにすでにある、それが「浩《こう》然《ぜん》の気」だ、と喝破したのも兆民だった。兆民は意識して伝統につながろうとした。衆議院議員になったのも、右翼の頭山満《とうやまみつる》（一八五五〜一九四四）と交友を深めたのも、すべては国家を考えぬいた結果の行動であった。

和辻哲郎（一八八九〜一九六〇）は、夏目漱石門下の倫理学・日本学者である。その彼は、みずからが日本の古代文化を研究するのは、国粋主義者とは違うかたちで日本を「建設」

するためだと感じていた〔和辻一九六二―一一〜一二〕。文化の面から日本を支えたい、再建したい、和辻はそう思った。

小林秀雄（一九〇二〜八三）については、今さら言うまでもない。「伝統主義がいいか悪いか問題ではない、伝統というものが、実際に僕等に働いている力の分析が、僕等の能力を超えている事が、言いたいのだ」〔小林一九六二a〕。

このことばだけでも、彼の思いは充分に伝わるだろう。ことばを紡ぐことを職業としていた小林は、過去とつながっていること、この国の歴史に思いをいたすことは宿命だと信じていた。しかも小林は「俺達は今何処《どこ》へ行っても政治思想に衝突する。何故うんざりしないのか、うんざりしてはいけないのか」〔小林一九六二b〕と言い、政治のおしゃべりを何よりも嫌ったのである。伝統につながること、国家を考えることは政治ではない、人間について考えることなのだ。

考えること、すなわち「思想」するとはそういう意味だと彼らは感じていた。感情的な否定や拒絶、賛美を何よりも嫌い、考えるべき自明の前提、するどい緊張を与えてくるもの、それが国家だった。

今、彼らのような冷静さを期待することはむずかしい。

どう見ても国家をめぐっては誤解と興奮ばかりが渦巻いている。筆者はこれまで、原因をいろいろ考えてみたのだが、誤解と興奮の原因は大きく言って三つある。そしてそれは一つの根本原因から出てくることが分かった。

†ナショナリズムは「全体主義」か

第一に、ナショナリズムは「全体主義」と完璧なまでに混同されている。

では全体主義とは何か。

世界の歴史を見てみると、この概念を簡単に一般化することは危険である。イタリアのファシズムとドイツのナチズムを同じだと言えるか。スターリン（一八七九〜一九五三）の支配したソビエトとヒットラー（一八八九〜一九四五）のドイツは細かく見れば、多様性がある。確かにこういった地域や政治体制ごとの歴史に根ざした違いがあることは知られている。たとえばハンス・コーン（一八九一〜一九七一）のような自由主義者は、共産主義とファシズムの違いに注意を喚起するだろう。一方で、エンツォ・トラヴェルソ（一九五七〜）は、むしろ両者の共通性を重視しようとしている。だからここでは、全体主義を独裁者の登場を歓迎するような集団、と定義することから始めよう。トラヴェルソにならい、「理想の指導者をいただき、情熱につき動かされ」た人間が生み出してしまうもの、これを全体主義と呼んでおこう［トラヴェルソ二〇一〇―二〇・五〇］。

ナショナリズムは、独裁者が支配する危険な人間集団を生み出すという批判がしばしばある。国家について考え、国家の必要性を説くだけでナショナリストだと批判される雰囲気が、戦後からずっとくすぶっている。国家を語ることへのアレルギー反応はさまざまなバリエーションをもつが、その多くは実はナショナリズム＝全体主義という図式にはまっている。全体主義を斬ろうとして、国家まで傷つけている。

これが「第一の誤解」である。

この誤解は、明らかに修正されるべきものだ。この本がもっとも力点を置くのが、この「＝《イコール》」を破壊することである。ナショナリズムと全体主義はまったくの別物、否、まったく逆のたたずまいを人間の生き方にもたらすものである。

ここで誤解の一例をあげよう。

橋川文三（一九二二～八三）という人が、丸山眞男（一九一四～九六）を批判している。橋川と丸山の二人は、「日本政治思想史」という分野で、きわめて独創的な業績をあげた思想家であった。有名な小説家三島由紀夫（一九二五～七〇）や評論家吉本隆明（一九二四～二〇一二）などが、彼らと真剣な議論を戦わせた。戦後日本について、天皇制のあり方をめぐってそれぞれの思いがぶつかりあった。

しかも彼ら二人は、お互いに弟子と師匠という関係にあった。ある日、弟子である橋川は、師匠丸山の論文「超国家主義の論理と心理」にかみつき、決定的な誤りがあると言った。この丸山論文は終戦直後の一九四六年に発表され、今からは想像できないくらいの評判を呼び、人々はむさぼり読み、そして世の中が分かったような気がした。その論文に弟子の橋川が、いちゃもんをつけたのである。

丸山は日本の近代史で、どの時点からファシズムが始まったのか、はっきりとは分からない、どの時点かを取り出すことは不可能だと感じていた。「どこからファッショ時代になったかはっきりいえない。一歩一歩漸進的にファシズム体制が明治憲法の定めた国家体制の枠の内で完成して行った」。「日本のファシズム化の漸進的な性格——前の時代との連続性が、大きな特質をなしていることがおわかりになると思います」〔丸山一九九五b—三二〇・三二二、傍点原著〕。

しかしこれはおかしいのではないか、と橋川は考えた。

橋川は、ファシズムはある日突然、時代の表舞台にあらわれた現象であり、国家主義と超国家主義は分けられることに気がつく。ナショナリストがどこか温厚で泰然自若としたイメージなのに対し、超国家主義者はつねにいらだち、演説などでは身振りも大袈裟、テロを引き起こすような癇症もちの人物が多い。

この人間性の違いに橋川は注目する。そして人間の深層心理にまで降りていってみると、ナショナリストと超国家主義者には重大な違いがあり、後者の人間たちが時代の主役に躍り出るときファシズムになるのではないか――橋川はこう考えたのである。

どうして二人の対立が生まれたのか。

彼らの思いは「超」という一語をめぐってぶつかりあっていた。丸山は、超国家主義の「超」を究極、あるいはなれの果てという意味で使った。国家主義が行き着くところまで行ってしまった最終形態、という意味である。

ところが橋川は、「超」をぜんぜん違う意味で使った。橋川にとって、超国家主義の「超」は国家を乗りこえる、つまり国家改造＝革命を意味するように思えた。だからナショナリストと超国家主義者は断絶し、別物だと思ったのである。

超国家主義者は、テロという暴力に訴えてまで革命を引き起こし、国家を改造しようとする［橋川二〇〇一a］。

この橋川の発見は、きわめて魅力的なものである。橋川の言う超国家主義・ファシズムを、本書で採用した全体主義と同じ意味だとしよう。すると橋川は、ナショナリズムと全体主義はまったくの別物であると言い、全体主義には革命や自爆テロという死の匂いがすると言っているのである。ナショナリズムと全体主義が別物である理由、それを二つの主義の「死」に対するイメージから明らかにできるはずだ、死のイメージはまったく違うはずだ――この確信が橋川という思想家にはある。

†ナショナリズムは「宗教」か

ナショナリズムに対する「第二の誤解」が、ナショナリズム＝宗教というものである。この呪縛力も全体主義と同じくらい強い。たとえばその名も「死とナショナリズム」という作品で、批評家の柄谷行人（一九四一〜）は、おおよそ次のように考えている。

私たちが生きている「近代社会」の特徴は何だろうか。それはどうやら二つある。

まず第一に、温かい人間関係が壊れ失われたということに注目してみよう。

近代社会では、思想で言えば啓蒙主義、経済で言えば貨幣経済が始まる。すると農村に見られたお互いの助け合い関係は壊される。そこでは理性的・合理的にものごとを考えること、すなわち啓蒙主義が私たちの考え方の基本になる。こういった考え方や、商品を売買するだけの冷たい経済が近代社会では支配的になる。

当然、人間関係は冷たいものになるし、人間関係を支えていた宗教も非合理だといって否定されてしまうことになるだろう。

もう一つは、人間同士をつつみこんでいた悠久の時の流れから放り出されてしまったことが重要である。先祖から子孫へという変化の少ない時間の流れ、「永続性」のイメージを私たちは失ってしまった。宗教や共同体が、人々に保証してきたゆるやかな世界はなくなり、人々は孤立しせわしなく動く。これが近代社会のもう一つの特徴である。

だが人は、これでは幸せになれなかった。宗教を否定したからといって、人が悩みから解放されたわけではない。病と老い、そして死の苦しみをどうやって解決すればいいのか。また孤立した私たちは、どこに安心できる居場所を見つければいいのだろうか。

困り果てた人々は、本当に安心できる場所を懸命に探し、その結果、ナショナリズムを担ぎだしたに違いないのである（ちなみに、こういうナショナリズムのとらえ方を、ルソーを参照しつつ行ったのが先の橋川［二〇〇五］である）。「国民」という一体感をつくり、宗教と同じ安らぎを感じるのであって、要するにナショナリズム＝宗教なのだ。だから啓蒙主義のお説教以外の方法で、ナショナリズム＝宗教を乗りこえ、哲学者カントの言うような「永遠平和」を実現しなくてはいけない。

†死から逃げるためのナショナリズム

ここで永遠平和を目指すために、フロイト（一八五六〜一九三九）の重要性に柄谷は気がつく。

たとえば、精神分析学者フロイトの論文『快楽原則の彼岸』の重要性はどれほど言っても言い足りない。ふつう私たちは自分にとって心地よいものを選び、生きやすくなるよう努力するのが人間だと考えている。それがフロイトの言う「快楽原則」である。しかしフロイトは、自分自身にとって不快なことばかりを繰り返す神経症患者に注目し、その原因は「超自我」にあると考えた。

快楽原則からすればおかしな行為を神経症患者がするのは、超自我のせいである。その超自我とは、外側から押しつけられたルール＝共同体の規範のことだ。父権制としばしば呼ばれたりもする。外側からの命令にしたがうことで、神経症患者は自分自身を不愉快なほうへと押しこめてしまう。

だが、と柄谷は思った。このフロイトの説明だけで充分だと言えるだろうか。フロイトに代わって、超自我を次のようにすればよいのではないか。

神経症の本当の原因は、押しつけられたルールではなく、さらに根源的な「欲動（本能）」なのだと思う。自分を殺そうという「死の欲動」、内部からの攻撃性、それが欲動の正体に違いないのだ。私自身のなかに快楽原則を超えて、自分自身を攻撃し破壊する何か暗い感情があって、それを死の欲動＝超自我だと言うべきだと思う。神経症患者の暗い側面、快楽原則では収まりきらないもの、それが「快楽原則の彼岸」という意味なのだ。

そしてナショナリズムは、この死の欲動＝超自我にも関わっている。死の欲動からつかの間の自己逃避を許すもの、それがナショナリズムなのだ。ナショナリズムは自死に密接なつながりがあり、否定されねばならない——フロイトを読みながら、柄谷は考えをここまで進める。宗教と死、そしてナショナリズムに対する関心が、柄谷をとらえて離さない。

このような柄谷のナショナリズム批判は、批評家吉本隆明の次の文章とまったく重なるものだ。

人間はしばしばじぶんの存在を圧殺するために、圧殺されることをしりながら、どうすることもできない必然にうながされてさまざまな負担をつくりだすことができる存在である。共同幻想もまたこの種の負担のひとつである。〔吉本一九八二—三七〕

吉本については、第三章で詳しく取りあげよう。

人間というものは、不可思議な生き物である、自分で自分を苦しめるようなことを進んでするからだ。「共同幻想」もまた、そのような自己否定・自己負担の一例である、吉本はそう考えた。国家と宗教を、私は「共同幻想」と名づけよう、それを否定しようと吉本は宣言した。それが『共同幻想論』という作品になった。だから柄谷にとっても吉本にとっても、国家は「負担」以外の何ものでもない。そして彼ら二人は、ナショナリズム＝宗教だと思っているのである。

これが「第二の誤解」の典型的事例ということになる。

†ナショナリズムは「デモクラシー」か

最後に、ナショナリズムをめぐる第三のケースを見なくてはならない。

これまで見てきた二つが、ともにナショナリズムを否定する論理だとしたら、今度のケースは一見したところ肯定するものである。

ナショナリズムには理想の姿がある。

「本来的なナショナリズム」は、日本の近代史で言えば、幕末の水戸学のような尊皇攘夷思想からは出てこない。明治はじめの自由民権運動を待たなくてはならない。自由民権運動は、民衆の政治参加の可能性を示した運動であった。国家の運命に国民として責任をもつ「デモクラシー」の登場を待ってはじめて、ナショナリズムは成り立つに違いないのだ――たとえば、遠山茂樹（一九一四〜二〇一一）を参考にすると、以上のようにナショナリズムは描ける［橋川二〇〇〇a］。

実はこの定義は、私たちにとって古くからおなじみの定義である。デモクラシー、すなわち民主主義の登場とナショナリズムは切っても切れない関係にあると考え、この近代像からの距離によって現実の日本を評価してきたからである。権力＝「上からの」、民衆＝「下からの」といったことばでナショナリズムの担い手をかたり、日本ナショナリズムの前近代性を指摘したりもした。上からのナショナリズムは駄目である、そんな意見をしばしば目にした。

しかしここで立ち止まらなくてはいけない。

現実の日本はどうであったかを見まわしてみよう。

民主主義によってもたらされた戦後社会は、経済的にどんどん豊かになり、ごく最近まで「一億総中流」と呼ばれる大衆社会をつくりあげてきた。それは徹底した平準化＝平等を目指すものであったと言ってよい。ではその結果、理想のナショナリズムができあがったかと言えば、とてもそうは言えない［佐伯・三浦二〇〇九］。

では、ここで使われている平準化とは何か。平準化とは、人々が同じ情報に接する「機会の平等」を得たことだとイメージすると、具体的だし分かりやすい。その結果、多くの人は、本来接するはずもない人々にテレビや携帯電話の画面上で出会った。そしてもしかすれば自分も「その人」になれるかもしれないという願望に悩むなど、逆にさまざまな問題を引き起こしてしまった。

平等であるが故の些細な不公平感、他人との小さな差に敏感ないらだちを起こし、愚痴と不満の塊になってしまう、権利の主張ばかりを求めてしまう——「今日では、大衆は、彼らが喫茶店での話題からえた結論を実社会に強制し、それに法の力を与える権利を持っていると信じているのである。わたしは、多数者が今日ほど直接的に支配権をふるうにいたった時代は、歴史上にかつてなかったのではないかと思う。わたしが超デモクラシーという言葉を使ったのはそのためである」［オルテガ一九九五―一二］。

つまり実際には、平準化＝民主主義によって、理想のナショナリズムなどできるはずもなく、逆に今日、理想の民主主義とはほど遠い「ポピュリズム」の蔓延が問題となっている。そこに平成の大不況が重なることで、人々はみずからの不満をぶつける対象、また不満を吸収してくれる独裁者の登場を願っているようにさえ見える。

デモクラシーはポピュリズムや全体主義と等式をつくりだすが、ナショナリズム＝デモクラシーとはならなかった。

この「第三の誤解」は、見かけとは違い「第一の誤解」に近づいてしまう。そこには、トラヴェルソが定義したような、情熱的に支配者を求めてやまない人々の姿があるのだ。

2 ナショナリズムは「危険」なのか

†ナショナリズムと死

ナショナリズムをめぐる三つの誤解は、私たちの思考をほとんど支配してしまっている。社会学や政治学などで、客観性を売りにしたナショナリズム分析もあるにはある。後に取りあげるゲルナー（一九二五〜九五）やスミス（一九三三〜）、アーレント（一九〇六〜一九七五）などの書物を使って、国家を論じるのはその好例である。だがいったんナショナリズムに評価のモノサシをあてながら話を進めると、ほとんどのケースは三つの誤解に還元されてしまう。冷静さは失われ、ナショナリズムは誤解されっぱなしなのである。

では、どうして誤解は生まれてしまうのか。その根本には人間にまつわる、どのような誤解がひそんでいるのだろう。賢明な読者は、もうお分かりかと思う。これら三つの誤解には、その根底に「死」への誤解という同じ原因を抱えている。ナショナリズムが危険であると叫ぶ議論のすべてが、全体主義や宗教、そしてポピュリズムにたちこめる死の匂いを、無条件にナショナリズムにあてはめているのだ。第二次大戦が世界中で大量の犠牲者を出した以上、戦後のこの誤解は確かに本質的で、納得がいく。

しかしだからこそ、死の匂いすべてを否定する必要はない、否、してはならない。私たちにとって死は、避けることのできない出来事であり、むしろ勇気をもって匂いの差に敏感でありたいと思う。人間の根源的なあり方にまで遡り、ナショナリズムを考えるとは、そういう意味なのだ。

ナショナリズムを考えるにあたって、ゲルナーやスミス、アーレントを用いるのもよいだろう。しかしそこから一般的・客観的なナショナリズム論が出てくると考えるのは間違いである。彼ら自身、みずからの出自と置かれた環境のなかで、死を意識した緊張のなかで文字を刻んだのである。誰も時代から逃れることはできない。だから私たちも、みずからの条件のなかでしか、それを生かすことができない。彼らの思想は、私たちが生きているこの国がどこへ向かうのか、この国の国柄とは何なのか、死とナショナリズムの関係は？　といった問いへの確かな手触りを得るために読まれるべきである。

†国家について考えることは、人間について考えること

手がかりはある、それを見ておこう。

敗戦迫る昭和二〇年春、柳田国男（一八七五～一九六二）は『先祖の話』を書く。

柳田は一見、盆と正月の類似点や隠居の意味などを探り、のんびりと時代から超越してものを書いているように見える。だがそれは見かけだけに過ぎない。柳田は、多数の若者が戦地へと赴いたまま、日本各地の村々に無言の帰宅をする光景、日のあたらない屋敷の奥で年老いた親族がうつむく影に、「家の崩壊」を目のあたりにした。

家にはご先祖さまとなった霊魂を迎える主人がいない、戦争で主人自身が死者となってしまったからである。家制度の危機を考えることは、だから死後や霊魂について考えることになると柳田は確信した。「戦後」に民族の自然と調和したあらたな社会組織をつくるためにも、数千年にわたるこの国の家と死、人々は霊魂をどう理解し扱ってきたのか、その慣習に思いをめぐらし、書き残しておかねばならない――

少なくとも国のために戦って死んだ若人だけは、何としてもこれを仏徒のいう無縁ぼとけの列に、疎外しておくわけには行くまいと思う。……ともかくも歎き悲しむ人がまた逝《ゆ》き去ってしまうと、程なく家なしになって、よその外棚《ほかだな》を覗きまわるような状態にしておくことは、人を安らかにあの世に赴かしめる途ではなく、しかも戦後の人心の動揺を、慰撫《いぶ》するの趣旨にも反するかと思う。［柳田一九九〇―二〇八～二〇九］

みずからの死を受け止めてくれる者がいなければ、霊魂はさすらうしかない。歎き悲しんでくれる者もなく、ふらつき安らげない霊魂、それを柳田は「家なし」と言った。

柳田国男とは、トポスの思想家である。人々が暮らしてきた土地、彼らなりの色彩に染めあげてきた場所、それがトポスである。くり返され、そう容易には変化しないことを良いことだと思い、その継続してきた歴史と場所の匂いを守るために「生きる」。それはどこにでもある、何気ない風景でありながら、彼らにとっては特別な時間が積み重なった場所なのだ。定住の思想家柳田国男が抱きしめて離さなかったのは、このような人々の暮らしであった。「常民」という柳田民俗学の核をなすことばには、汗や土の匂いと死者の慰霊を含めた生活する者たちへの同情、コミュニティーへの無限の愛着が染みついている。

死とナショナリズムは、私たちにとってあまりにも身近なものであり、客観性にはなじまない。

柳田国男は戦後の日本を思って、この文章を書いたのだった。だから現在の私たちを鎮め、国家をめぐる興奮をやわらげてくれる。冷静な心もちで、ナショナリズムについて考え、書物の前に座ることができる。すると、ナショナリズムは外交問題でも政治問題でもなく、死をめぐる問題であり、私たちにとっての最大の問い——どう生きるのか、死とは何か——死生観、倫理学にまつわる問いだと、心の底で合点がいく。

こうしてようやく、この本を描き始めることができる。

ナショナリズムは、戦後以来の否定や誤解はもちろん、ましてや昨今の不況と不安、外交上の危機に後押しされて、突然目覚めるようなものでもない。私たちは誤解と興奮から離れ、まずは身体としてのナショナリズムを、つまりは私たち自身に適したナショナリズムの条件を探しださねばならない。

国内外の数冊の書物から、そのためのヒントを得ようというのが、この本のねらいである。

第二章

私の存在は、「無」である

――ハナ・アーレント『全体主義の起原』

1　人々を全体主義がとらえ始めた

†困難な定義

たとえば新聞をめくって見る。

そこには日々、国家をめぐる記事に事欠かない。身近な日本周辺諸国との軋轢や緊張だけをとってみても、国家同士をめぐる衝突があることは、簡単に理解できる。日本・中国・韓国など、国家はそれぞれの名前をもって眼の前に実在している。国名までついているのだから、新聞をめぐる市井の私たちは、ナショナリズムという運動を簡単に理解できると思う。罵声を浴びせたり、危機を煽ったりしながら心をざわめかせている。愛国者を罵り、愛国心に胸をはる。

にもかかわらず、ナショナリズムを理論的につかもうとすると、学者たちは戸惑っているように見える。

たとえば、ベネディクト・アンダーソン（一九三六〜）はこれだけ日々はっきりとあらわれているナショナリズムが、いったん概念的に定義しようとすると、とてつもない困難にぶつかると溜息をつく［アンダーソン一九九七―二〇以下］。

だが焦る必要はないのだ。ナショナリズムについて、三つの誤解があることを私たちは知っている。そのうち、ナショナリズム＝全体主義という「第一の誤解」がある。ではそもそも、全体主義とは何だろうか。さしあたり、トラヴェルソの定義に従い独裁者の支配を歓迎するような雰囲気、その集団であると定義しておいた。

ナショナリズムと全体主義の二つを分けるための破壊装置がある。

全体主義について考えるために、特権的と言ってよい時代があった。第一次大戦から第二次大戦の、いわゆる「戦間期」がその時代である。この時期の人々の心のなかへ分け入り、探索の旅を行った人、そして戦後にことばを紡いだ思想家たちがいた。まずは彼らの発言を聞くことから、破壊装置の準備を始めよう。

†ポール・ヴァレリーの衝撃

一九三三年、フランスのパリで、ある国際会議が開催された。

談話会「ヨーロッパ精神の将来」がそれである。会議の座長は、フランスの詩人ポール・ヴァレリー（一八七一～一九四五）。小林秀雄など日本の批評家・詩人にも大きな影響を与えたフランスの詩人にして批評家である。

その彼は、すでに一九二〇年代から国際連盟の知的協力委員会に参加し、三〇年代に入ると、知的協力国際会議で九回中、実に四回も議長をつとめた。当時、彼がヨーロッパを代表する知識人だったことは、誰の目にも明らかだった。

だがヴァレリー本人は深刻に悩んでいた、ヨーロッパ近代を襲う危機について思い悩んでいたのである。

たとえばヴァレリーが注目したのが、二つの戦争である。

日清戦争に勝利した日本と、スペインに勝ったアメリカの登場にまずは注目すべきであり、ヨーロッパ諸国の地位低下は、このときから始まったに違いなかった。二つの戦争は、ともに一八九〇年代に行われたものである。

この戦争をきっかけに、「ヨーロッパとは何か」という問いがヴァレリーの頭から離れなくなった。二つの戦争が、歴史の教科書でしばしば「帝国主義時代（一八八四〜一九一四）」と呼ばれている時期なのに注意しよう。一九三〇年代のヨーロッパを襲った危機は、一つ前の時代＝帝国主義時代にまで遡らねば、本当に理解することはできない――ヴァレリーはこう考えた。

そしてヴァレリーは衝撃的な事実にぶつかることになる。日本とアメリカの台頭、そしてヨーロッパの没落は、ヨーロッパ自身が原因であることに気がついてしまったのである。ヨーロッパのアイデンティティは、科学の特徴＝「拡散」にあること、そしてその性質自体に今日の危機の根本原因があることに気がつく。アイデンティティということばは「自分らしさ」くらいの意味だと思えばよい。ヨーロッパがヨーロッパである理由、自分らしさは科学にあるとヴァレリーは思った。

科学や拡散という抽象的なことばが戦争と結びつくことで、みるみる具体的なイメージになってくる――「科学はその性質そのものによって、本質的に譲渡可能なものである……科学があるものどもに与える手段は、あらゆる他のものどもこれを取得することができる」［ヴァレリー一九六八―一八。訳文は拙訳による］。

ヨーロッパの本質である科学は、いったん開発されてしまえば、ヨーロッパの枠組みをこえて世界中に広がってしまう。その結果、非ヨーロッパ諸国は、発明した張本人よりも巧みに科学をあやつり、ヨーロッパの優位を脅かしてしまうのだ。科学技術が「譲渡可能」とは、そういう意味である。

日清戦争に勝利した日本と、スペインを破った新興国家アメリカの勝利は、まさしく科学技術拡散の結果にほかならない――ヴァレリーは自分の出した結論に愕然とした。

確かに機械は、いったん開発されたらどの国でも真似できるし、よりよい製品をつくりだすことができる。発明者の手を離れて盗み取ることができるからだ。

第一次世界大戦の戦場と化したヨーロッパの疲弊は今や明らかであり、ヨーロッパの疲れを突いて、アメリカ中心の世界システムが出現していた。ロシア革命の影響も、ここにつけ加えることができるだろう。日本もアメリカも、そしてロシアもまぶしいくらいに初々しい国家だった。

資本主義・科学技術そしてマルクス主義も含めて、これらは地域性を凌駕し地球規模で広がっていくことにその特徴をもつ。日本・アメリカ・ロシアの台頭は危機以外何一つヨーロッパにはもたらさないように思えた。

このヴァレリーの危機意識は、全体主義を考える際に、二つの意味で非常に面白い。

第一に、ヴァレリーが、近代科学こそヨーロッパのアイデンティティだと見なしていたこと。拡散＝自分自身が膨張し広がってゆくと、個性は稀薄になってしまう。それればかりではない。逆に自己自身の個性を奪われ、他国から戦争で負かされてしまい、自殺行為ですらあると言うのだ。ヨーロッパから見ると、科学の時代は危機の時代だということになる。

ところが第二として科学技術の拡散は、同時に、日本などアジア諸国にとっても脅威＝植民地化の危機だったということである。

要するに、ヨーロッパにとっても日本を含むアジア諸国にとっても、近代科学の拡散は、アイデンティティの危機なのである。

こうして洋の東西それぞれの疑心暗鬼から、最終的に第二次世界大戦が起こったのであった。戦争という究極の外交は、経済や政治の利害関係だけが原因なのではない。各国のアイデンティティをめぐる衝突もまた、重要な戦争の原因なのであり、全体主義はそこでみるみる姿をあらわし、人々を虜にすることになる。

ところで、第一次大戦から第二次大戦へ向かう暗い時代を、「膨張」という概念と、人間のアイデンティティから深く掘りさげた著作がある。

それがこれから見るハナ・アーレントの『全体主義の起原』である。

ヴァレリーとアーレントは、拡散や膨張といったことばで、同じ問題を考えようとしていた。だがヴァレリーがヨーロッパを一身に背負う知識人だったのに対し、アーレントはそこからはじきだされたユダヤ人という違いがある。それが彼女の感性をいっそう鋭敏にしたのだった。彼女のことばは、私たち人間がどのように全体主義の誘惑に吸いこまれていくかを克明に描き出してあまりある。彼女の問題意識の核心に触れてみることにしよう。

†テレビを見るような

アーレントはユダヤ人である。亡命先のアメリカで生涯を終えたアーレントは、ヨーロッパから迫害された思想家である。

社会民主党員の両親をもち、幼いころから早熟だったアーレントは、サルトル（一九〇五～八〇）やカミュ（一九一三～六〇）と親交をもち、二〇世紀最高との呼び声高い哲学者ハイデガー（一八八九～一九七六）と浮名を流した。だが秀才アーレントは、華麗な学問的経歴の輝きのなかに、つねに闇を抱えていた。個人的体験としても、また政治問題についても「自分とは、何者なのか」「全体主義とは、何か」という問いにとりつかれていた。時代の激流にアーレントの感性が触れることで、電撃がほとばしるように次々に著作が生み出されていった。

全三巻からなる政治思想史の書物『全体主義の起原』（邦訳、みすず書房）は、表紙の色ばかりでなく、少し黄ばんだ紙質までもが読み手にプレッシャーを与える本である。専門的な知識人以外を寄せつけないオーラが漂っている。

だがその緊張はすぐにほぐれるであろう。哲学的な議論だけでは、読んでいてすぐに疲れてしまうが、この著作は違う。帝国主義から第一次大戦後の政治情勢を生き生きと織りこんだ世界に、私たちは一気にひきこまれていく。まるで映像を見ながら、それをすぐ横にいる秀才アーレントが哲学的にするどく分析してくれているような気分になれる、そんな本なのだ。そこには資本主義に導かれ、人々がどのように個性を奪われ、あるいは自身で個性を脱ぎ捨て全体主義に雪崩れこんでいくかの一大劇場が展開されている。

眼の前の文字と、戦争に関するテレビなどで見た映像が重なり、当時の世界へとタイムスリップしていく。

政治的な事件を人々の心の内部に分け入って描いている、その力には圧倒的なものがある。「私の世代が成年期のほとんどにわたってそれを抱きつつ生きねばならなかったあの問い——何が起ったのか？　なぜ起ったのか？　どのようにして起り得たのか？——」「アーレント一九八一—3—緒言iv、傍点原著」。人間にとって本質的な問いを、アーレントは生き生きと時代から取り出してくるのだ。

この問いの切実さは、現在でもなお有効なはずである。全体主義についての書物はもちろん多数あるし、それぞれに取り扱う時期も国家も違っている。だが問いの切実さにおいて、アーレントは群を抜いている。人間の心の問題を取り扱っているからである。これが本書でアーレントを重視する理由である。

近代社会の象徴である資本主義が、「帝国主義」段階に入ってゆく。

そうすると、私たちの心にどのような変化が生じ、どうして「全体主義」にのめりこむのか。

全体主義とナショナリズムは、はたして「イコール」なのか。ナショナリズムには何か別に、決定的な役割があるのではないか——『全体主義の起原』を読むことは、第一の誤解を解消してくれるはずである。ナショナリズムを考える際に、まずはこの書を取りあげた理由はそこにある。

2 何が起きているのか、人間の心のなかに

†拡散と膨張

一九五一年に発表された『全体主義の起原』は、三冊の本である。

第一巻が反ユダヤ主義について。第二巻が帝国主義について。そして実際に全体主義について分析されるのが最終第三巻ということになる。だから第一巻と第二巻は、全体主義——具体的にはヒットラーのドイツと、スターリンのソ連——を知るための前史という位

置づけになる。

帝国主義と全体主義は確かに違いもあるが、その一方で、帝国主義がその後の恐怖を準備してしまっているのも確かなのだ。国内市場では処理しきれない過剰な資本は海外へと出て行く。そのとき、帝国主義の時代のとびらが、ゆっくりと開き始めている。また、帝国主義は一八八四年から一九一四年の三〇年間の出来事であり、事件で言えばアフリカをめぐる植民地争奪戦を始まりとし、第一次大戦をもって終わると考えておけばよい。

ヴァレリーは、帝国主義の特徴を拡散に見出したが、同じように「膨張」という概念が時代を斬るメスになるとアーレントは思った。工業生産と経済取引が、さらなる市場を求めて海外へと進出する帝国主義の原動力となる。この時期から資本主義が主役の座を占めるわけだから、人間のモノの見方、世界の理解の仕方もまた資本主義的になる。

それはたとえば、学校の先生が、いかにも先生らしいしゃべり方になるように、モノの見え方や評価の仕方も、職業や社会構造から影響をうけることになる。そして当時、もっとも多くの人を呑みこんだのが資本主義のモノの見方だったというわけである。

要するにブルジョアジーの世界観が、ものごとを理解する基準に躍り出たということだ。彼らのモノの見方を調べてみる、するとつぎのようにまとめることができるだろう――

この帝国主義の政治理論の新しさは、暴力に支配的地位を与えたことでも、権力がすべての政治の本質的実体の一つだと洞察したことでもない。

権力はすべての政治的行為の原動力として、自分自身を絶えず餌として喰らいながらも決して止むことなく回りつづけるモーターとして理解されており……無限の拡大のみが無限の資本蓄積を生み……。帝国主義的拡大のプロセスが一旦始まったら最後、政治的共同体はこのプロセスにとって邪魔者でしかなく、破壊されるほかはない。［アーレント一九八一―2―二六〜二七］

帝国主義の世界観は新しい。

どの点がこれまでと違い、新しいのか。それを「モーター」と「無限の拡大」ということばで象徴的に表してみよう。終わりがないということ、最終目標の喪失と分かりやすく言いかえてもよい現象であって、それは人に不安を喚起する。例を現代日本に取ってみれば、いくら原発は安全だと言っても「本当」に安全かどうかは神様以外、誰も保証できないということと同じである。なぜなら不安は底なしだから、この問いはどこまでも問い続けることができる。不安はどこまでも広がるし、問いはモーターのように駆動し続けるのだ。

もう一つ、身近な例をあげよう。

たとえば、人はなぜ、所属する企業の業績拡大を目指すのか。何を目的に、つねに企業は拡大を続けるのか。縮小＝悪である限り、私たちはただひたすら永久に利益の拡大を善だと見なし続けねばならない。だがこのとき、利潤追求＝金を稼ぐという「手段」は、「目的」そのものになってしまっているのだ。これと同じように帝国主義の拡大にも終わりがない。

無限の拡大、あるいはモーターということばで、新しい世界観をイメージできるとアーレントは思った。なぜ、なんのために「権力」が必要なのか分からず、やみくもに権力を追求し回転し続ける人々が眼の前に浮かんでくる。

こうしてみずからの土地を離れ、ひとり歩きを始めた市場＝過剰資本は、当然のことながら海外へと進出してゆく。国際関係へと入りこんでゆく。

†異質なものとの出会い

ここでアーレントは、具体的な人間たちを発見する。彼らは、モーターのように生きる人間たちである。

それがアーレントが「モッブ」という用語で取り出してきた一群の人々である。冒険家や一獲千金をねらった金採掘者などの山師たち、彼らを目あてに流れてきた酒場経営者や犯罪者たちが本国イギリスを捨ててアフリカを目指したのだった。彼らモッブとは、本国から溢れ出た過剰な人間たち＝余計者のことなのである。

彼らの上陸先であるアフリカにいたのは、黒人とそして一足先にたどりついた流れ者、すなわちボーア人たちである。オランダ系白人でありながらも、本国との関係を完全に絶ったボーア人社会と、遅れてきた荒くれ者たちが衝突することもあった（ボーア戦争）。

アーレントは彼らモッブたちを肯定も否定もできなかった、ただただ困惑しながら次のように彼らの人生を書き記すしかなかった。新天地への移動などものともしない山師たち、体一つでどこへでも移り住む猛者たちの心の内部をアーレントは見、そして驚く。何ものにも動じないはずのモッブが、たった一つだけ恐れていることがある。彼らは黒人との出会いに恐怖し、おののいているのだ。その原因とは次の引用にあるような「疑問」におそわれていたからにほかならない。

キリスト教＝ユダヤ教の説くすべての人間の同一性と平等は、無限に多様な民族に分れた全人類がただ一組の両親という共通の先祖から出たとする仮定に基づいているが、もしも人々がこれらすべての種族と実際に出逢い一つの世界を共有することになった場

合、なおかつこの教えを信ずることができるだろうか、という疑問である。［アーレント前掲書2―八九〜九〇］

黒人に出会ったとき、モッブには衝撃が走る。なぜならば自分たちが信じていたキリスト教の世界観には、いなかった生き物が眼の前にいるからである。「両親」――もちろんアダムとイブ――によれば、私たちはすべて同じ「人類」でなければならない。だが本国を追いだされ、たどりついたアフリカで、彼らは得体のしれない生き物に出会う。

それは色が黒く異様なまでに自分たちに似ている。しかし絶対に人間とは思えない――この黒い生き物、ことばも話し、限りなく「人類」に近いようでいて異なる動きをする物体を、どう理解すればいいのか。みずからの世界観＝キリスト教のどこに位置づけるべきなのか。

天上か、地上か、はたまた煉獄になのだろうか。

これは逆に「お前たち自身は、何者なのか」と喉元に刃金を突きつけられたのと同じである。なぜなら、これまで当たり前だと思っていた秩序観に亀裂が入るからだ。

黒人という「他者」は、これまでの常識を揺さぶり、自分自身の存在を自問・反省させることになった。

黒い存在に出会ったことで、今度は自分自身もまた分からない存在になっていることが重要である。他者や世界だけではない、自分自身もまた理解できない力によって振りまわされていることに、彼らは戦慄したに違いない。

このとき、彼らはどう振る舞ったのか。あるいはどのような精神構造に陥ったのだろうか――こう問うことは、ほかならぬ私たちが他者と出会った際に起こす精神の亀裂を問うことにもつながる。モッブの体験は、私たち自身が日々体験している事態を、過激にしたものだからだ。

†存在が「無」になる

たとえば私たちが、自分の世界観＝真理や確信を押しとおせるだけ押しとおしたあげく、他人と衝突したと仮定してみよう。精神のフロンティアの限界にまで達したとしよう。意見の合わない他者、あるいは世界観のまったく違う人に会ったと思えばよい。同じようにならず者たちがこの深刻な経験をした場合、精神的にどのような状況に追いこまれ、そして打開策を出したのか、次の文章を見れば分かる。アフリカに根を下ろすことになった「人種思想」が答えなのだが、それは、ヨーロッパ人である彼らが、予想さえしていなかった人間、否、人間とすら思わなかった種族に出会った衝撃を、どう処理するかの非常手段だったのである［アーレント前掲書2―一〇五］。最終的に人種思想を生み出すことになる彼らの混乱は次のようなものだ。

彼らは何ものも信じず、それでいて騙され易く、人に言われれば何であろうとすぐに信じ込んだ。社会とその価値評価から吐き捨てられた彼らは自分自身しか頼るものがなく、そしてこの頼るべき自分自身は無に等しいことが明らかになった。［アーレント前掲書2―一一一］

アフリカに根を下ろしていた人種思想は、ヨーロッパ人が理解することはおろか自分たちと同じ人間と認める用意さえできていなかった種族の人間とぶつかったとき、その危機を克服すべく生み出した非常手段だった。［アーレント前掲書2―一〇五］

アーレントはこの文章を書きながら、彼らが結局、他人との接触に耐えきれなかったことに気づいている。彼らは、異様な黒い生き物と、自分たちの曖昧な違いに耐えられなかった。ほとんど同じ人類なのに、しかしどう見ても異様でもある。この曖昧さが混乱を生み出し、手術後の拒絶反応に似た劇症をもたらす。白人の荒くれ者たちは、だから肌の色で差別する「人種主義」を開発し、そこに立てこもったのだった。そしてこれまでの世界観を維持しようとしたのである。精神のフロンティアが消滅したことに気がついたとき、ならず者のモッブは、収縮し既存の世界観のなかに立てこもったわけである。

モッブはもともと、本国の価値観からはじきだされた脱落者に過ぎない。

だから実際は、キリスト教＝ユダヤ教という世界観・秩序からも見放されていたことに注意しなくてはいけない。だから彼らには実際、確かなものが何もないのである。後ろ＝本国の価値に戻れないばかりか、新しい異様な他者とも馴れあえない。だとすれば頼りは後先いずれにもないのであって、裸の自分しかない。そのことを、黒い生き物は彼らの眼の前に突きつける役割を果たしたのだ。

それをアーレントは、「自分自身は無に等しいことが明らかになった」と書きつけるしかなかった。それ以外の表現を見出すことができなかった。

それは、自分という存在の溶解であった。

存在は宙づり状態になってしまった、と言っても同じである。頼るべき最後の拠点は「自分自身」である。それは確かに、個人主義的ではあろう。だがその個人主義は、私たちが普段使うような肯定的なイメージからはほど遠い。異様な生き物との接触は、彼らにあらためて、自分自身が底なしの「無」であるということ、何者でもないという恐ろしい事実を映しだした。この事実を見つけて、アーレントは驚いた。ただその驚きを書き記すしかなかった。

では、空っぽの心に安定を与えるとしたら、それは何か——一つの答えが人種主義だとアーレントは怖れをもって書いているのである。自分とは何者かについての、いびつな解答が人種主義であり、生まれもった肌の色に、自身の最終根拠を定めようというイデオロギーが急浮上してきたのだった。

3 「負い目」の意識は誰にでもある、そこに全体主義が宿る

†国内のモッブたち

以上の帝国主義の結末は、単なる政治・経済の話ではない。

帝国主義は人が生きて人生を紡いでゆく場所に決定的な役割を果たし、また、人間の精神の構えにすら大きな影響を与えたのだった。モッブたちはその生きた象徴であった。資本の波に乗って国内からはじきだされた、ならず者集団がヨーロッパからはるか離れた海

のむこうで人種主義を生み出しかけていた。

自国の秩序はもちろん移住先でも困難を抱えた彼らは、剝きだしの個人、裸体同然の自分が何者でもないことに直面しなければならなかった。アーレントは「自分自身は無に等しい」ということばで、人間が周囲の世界を理解できないということ、つまりみずからを位置づける基準をもっていない苦悩を描きたかった。

そしておそらく、産業社会を生きるすべての人間にこのアーレントのことばはあてはまる。国内においても同じタイプの人間が、生まれてきていたからである。先に筆者がモッブの生き方について「私たち」の他者体験と似ていると言ったのはこの意味からであった。

このことを指摘したのが、アーネスト・ゲルナー（一九二五～九五）である。

ここで精読を試みたいのは、ゲルナーの『民族とナショナリズム』である。一九八〇年代に書かれたこのナショナリズム論は、自由に移動する資本が、国内でどんなタイプの人間を生み出すかを明らかにしてくれる。

人類学者でもあったゲルナーの姿は、ときにイスラム世界にあった。その理由は、彼自身の人生の軌跡を追えばおのずと分かる。一九二五年、パリに生まれたアーネスト・ゲルナーは、ドイツ系ユダヤ人としてその生をうけた。

その後、チェコのプラハで育った彼は、一九三九年、ナチス・ドイツによる占領を避けるようにイギリスへと移住する。終戦後にイギリスで大学教育をうけ、一九六二年にはロンドン大学の哲学教授に就任。激動の時代を経て、周囲には大学教授としての静かな生活が待っているようにも見えた。

しかし観念的な思考にとどまることを、彼自身が許さなかった。社会人類学と出会うと、一九五四年以降は北アフリカの現地調査へと赴く。モロッコの白人イスラム教徒の研究をするために——つまり、次第に観念と現実社会とのあいだを橋渡しするような仕事へとゲルナーは向かおうとしていた［佐藤二〇〇七―一五八以下］。

言語哲学者にとどまりきれない何かが彼にはあった。戦争体験とユダヤ人という出自、さらには以上のような知的遍歴が民族とナショナリズムへとゲルナーを誘った。それはほとんど、アーレントを思わせるような経歴である。

パリに生まれた人間がプラハで育ち、そしてイギリスで教育を受けなければならなかったという事実——彼の足跡そのものが、根なし草の人生を象徴している。それは祖国＝定住先をもたないユダヤ人がたどった運命を、彼自身の知的遍歴が象徴しているとも言える。

だから民族とナショナリズムを問うことは、自分自身の存在を問うことと同じである。哲学的・観念的な思索だけでは駄目だ、それだけでは人生が課してくる深刻な問いに応えることはできない。集団で生きる人間とはなんなのだろうか——この問いに充分に応えることはできないからだ。

こうして人類学にまで遡り、民族とそして国家そのものを探究しようとゲルナーは思った。アーレントもゲルナーも、みずからの置かれた条件、生きることの宿命を引き受けている。そしてことばにしている。哲学と現実との緊張関係が、彼らの著作には溢れかえっている。

みずからが何者であり、自分にとってナショナリズムとはなんなのか――そういう強い動機をもたなければ、人は魅力ある著作を書くことはできない。

†読解のキーワード① 「高文化」

ナショナリズムの誕生は近代＝産業化にある、とゲルナーは書くことから始める。これを資本主義化と言いかえることもできるだろう。ゲルナーがナショナリズムを近代に生まれたと規定する「近代主義者」に分類される理由がここにある。

さらに産業社会の特徴は「富」と「流動性」にあるとゲルナーは考えた。これは正確に、アーレントの思いをなぞっている。なぜなら富も膨張も流動性も、絶えざる運動を特徴としているからだ。

近代は、経済的に豊かになることを価値あることと見なし、そのためにモノ・カネさらにはヒトが流動することを肯定する。流動性とは、人々がこれまでの農耕生活を捨て、都市に集まる姿を想像してもらえば充分だ。もっと身近な例をあげるならば、私たちが学校や塾にかよい、学歴社会という組織のなかで生きていくために、読み書きの能力を身につける。そして故郷を捨て上京し新しい場所に生きる糧を探しだそうとする、これまたまぎれもない流動性である。

ゲルナーは、この特徴を文化的平準化とか「高文化」と呼ぶべきだと考えた。平準化とは、みなが同じような知識、もちはこび可能な知識を身につけることを意味する。どこに移動しても携帯できるもの、誰もが身につけられるもの、その代表的事例が学歴や情報といったものである。私たちはだから、かつての農耕社会の人間とは違った新しいタイプの人間だと言ってよい。

新種の文化的ステイタスを身につけ、しかも同じ情報をもった平均的な人たち、同じような学問と情報によってつくられた同質な「平等主義」的人間――これが産業社会の主人公たちである。

それは大澤真幸のことばを用いれば、「誰もが自分の得た地位や職業への強い帰属意識をもつことなく、容易に別の地位や職業に移動すること」これが私たちの特徴である［大澤編二〇〇二―二七二］。契約書一枚でどこからともなく雇いこまれ、新天地を見つけ次第、移動する被雇用者イメージ。精神を病んで辞めても、すぐさま似たような人間を再配置すれば事足りるという雇用者から見た人間像。まさに人間を産業社会の「機能」からしか評価しない人間像――このようなイメージが導きだせるに違いない。

さらに産業社会の特徴は、これだけで終わらない。たとえば、産業社会を生き抜くためのステイタス、高文化を身につけるのに失敗したらどうだろうか。

スラム街の人々のことが頭をよぎったとき、ゲルナーはもう一つの産業社会の裏面に眼を向ける。うす暗くじめじめした土地に集まるスラム街。廃墟のような老朽化したビルに住みつき、喧嘩と殺人の匂いがする街を昼からうろつく若者たち。彼らスラム街に住む貧民は高文化、要するに平均人たちと同じ情報や学歴を身につけることすらできない存在である。

では、彼らはいったい何者なのだろうか。

彼らは何者でもないのだ。第一次大戦後に生まれた大量の難民が彼らの特徴をもっともあからさまに示している。難民には基本的人権も、市民権も自由も何も保障されていない。国内秩序＝法的資格を一切奪われているからだ。人権・市民権そして自由すべては、国家からの庇護によってはじめて私たちに与えられるものである。だから国籍を奪われた難民は、一切の所属を奪われてしまっている。それは何ものにも拘束されていない。だがそこに自由も生きる権利もないのだ。

これはスラム街の住民も同じである。国家の片隅に、難民と同じような無法地帯がある、それがスラム街なのである。

人権は「普遍的」なもので、すべての人間に天から与えられると私たちは思っている。だがそれは間違いなのであって、スラム街の住民や難民には人権がない。人間らしく生きるための権利がないものには、自由もまた、ないのだ。人権を保障するのは国家なのであり、そこに所属する市民に与えられるものだからである。

すぐそこにいる貧民もまた、モッブ同様、徹底的に所属が奪われてしまっている。彼らは「何者でもない」。だから彼らは、無意識のうちにみずからの所属先を、自分らしさを求め、受けいれてくれる共同体を探し求めることになる、そのことにゲルナーは気づいた。

†平均人とは、無個性の人である

こうして言語哲学に収まりきらず民族問題へと降りていった学者の前に、二つの人間像が立っていることになる。

平均人とスラム街の人々を発見し、驚きをもってゲルナーは書き記す。結局そこにいるのは、孤独を抱えた群集たちであった。

平均人は同じ学問を身につけ、情報を共有し就職するのだから、一見すると私たちの生活は安定しているはずである。だが実態はやや違っている。産業化＝資本主義化以前の共同体を抜けだし、流動性を特徴とする私たちは、つねに根なし草として生きることになる。

たとえば私たちが「裸一貫」と言うとき、確かに力強い響きがするが、一歩間違えれば何も特徴がない人間ということになってしまう。産業社会が求めるペルソナ＝役割に適していないと判断された場合、裸一貫は何の特徴もない人間と同じ意味になってしまうのだ。彼らはカネを生み出す能力が欠けているのだから、生命の危機につながることになる。

思えば学歴などを執拗に身につけるのも、どこへいっても食べていける能力を自分自身のなかに、つねに携帯していなくてはならないからである。それを直観的に知っている親たちが、「勉強しろ！」と子供たちに言っている。

土地から離れた人間が、富を求めて生きていくためには、携帯できる特徴がなくてはいけない。

地位や職業選択が自由だとしばしば人は言う、だが、それは特殊な能力をもった人間、個性ある人間の場合にかぎられる。野球選手がよりよい条件を求めて球団を渡り歩き、最先端の技術をもったシステムエンジニアがスカウトされる場合、移動＝流動性はまさに自由と同じ意味をもつ。彼らは産業社会のなかで、例外的に個性をもち移動をくり返す。大澤氏の言う産業社会イメージもまた、このようなものであるだろう。

だが大半の私たちにとって、それは不安定を意味するだけではないのだろうか。

平均人であると言うとき、それは無個性を意味するはずである。産業社会に必要な個性がない場合、帰属意識の稀薄さと移動は不安しかもたらさない。故郷を失った移民たちの群れが、スラム街や難民キャンプに流れこむこと、この移動を自由だと結論はできないではないか。そもそも、私たち自身がこのような自由を望まないからだ。

私たち平均人は、スラム街にこそ住んでいない。だが街中を見てみるがよい。同じ顔つきをした人間たちの群れがそこにはあるはずだ。私たちは雇われ、疲弊し、捨てられる、差し替え可能な存在に過ぎない。あるいは今、雇われることすら保障されない社会を私たちは生きている。今や学問と情報を身につけることに成功しても失敗しても、同じ結果になるかもしれない。

産業社会の人間は、自由を肯定できない。

自由は、帰属を奪われたことの言いかえに過ぎず、「無秩序」と同じ意味になってしまいかねないからだ。

だから産業社会の人間像は、まことに悲劇的な一面をもつ。

ふつう私たちは、選択の自由というものをもっとも大切な価値であると思っている。だが耳ざわりよく聞こえる自由の裏面には、以上のような悲劇が隠されているのである。どこにでもいる「自分」。誰とでも交換可能で、つねにさすらう「自分」。この悲劇性を「相互に互換可能で原子化された諸個人」という社会科学用語でゲルナーは書き記す［ゲルナー前掲書一九七］。

そしてゲルナーの言う「原子化」された個人が、ほかならぬ私たち自身のことだと気がつく。

なぜなら、学校教育を通じて得られた高文化も、しょせんそれは誰もがもつ凡庸さの象徴、画一化の象徴に過ぎない。平凡で画一化された人間、しかも孤独を抱えバラバラになっていることを示すことばが、それが原子化だと気がつくからだ。

だとすれば、遠くアフリカの地で蠢《うごめ》いていた人々、モッブについての考察は、私たちにも無縁ではなくなってくる。ゲルナーが赤裸々に描き出す産業社会の人間像は、つねに流動し、所属先を精神的にもっていない点で、アーレントのモッブに近いのである。

†読解のキーワード②「汎帝国主義」

これまで見てきたことを、もう一度ふり返っておこう。

海を渡ったならず者、それがモッブである。ゲルナーが指摘してしまったのは、産業社会を生きる私たち、難民そしてスラム街の人間もまた、モッブと同じ心を抱いて生きているということだった。移動をし、絶えざる変化にさらされている点で、同じ存在なのである。

ところで、アーレントは著作を書き進めながら、もう一つの帝国主義にたどりつく。それが第二のキーワード「汎帝国主義」という現象である。

今まで見てきた帝国主義は、資本主義＝膨張に促され、拡大に次ぐ拡大を海外展開した。それを「海外帝国主義」と呼ぼう。イギリスやフランスがその代表例である。アフリカに入植するなど積極的に海外に進出したことは、すでに見た通りである。

だが、もう一つの帝国主義がある。

それを「汎帝国主義」あるいは「大陸帝国主義」と名づけよう。主役は東欧や中欧、そしてドイツとロシアであると聞けば、その重要性はすぐに分かるだろう。ヒットラーとスターリンを生み出した運動、それが汎帝国主義なのである。

この革命運動が、市場獲得競争によって始まったのではないことに、アーレントは気づく。ドイツやロシアが帝国主義を始めたころ、すでに海外の植民地分割はおおかた終わっていた。イギリスやフランスが押さえるべきところを押さえていた。だとすれば、遅れてきた国家の帝国主義は、別のかたちをとるはずだ、別の動機に促されたに違いない、こう考えたのである。

しかもドイツとロシアの動きには、同じ特徴がある。それは海外ではなく、地続きの場所に食指をのばしたという事実である。それをふまえて汎帝国主義＝大陸帝国主義とアーレントは名づけた。

ドイツとロシアは、何に駆りたてられて帝国主義に走ったのだろう、地続きの国境をこえて拡大しようとする激情は、どこから湧いてくるのか。それは「遅れ」の自覚なのだ、とアーレントは思った。イギリスやフランスのモッブたちが、アフリカで他者と出会い、いらだちを感じたのだとしたら、ドイツやロシアにとって、いらだちの対象は海外帝国主義諸国であった。イギリスやフランスに遅れをとったという感覚が、彼らの自己意識を刺激したに違いないのだ。

それをコンプレックスと呼んでしまうのは、あまりにも事態を単純化し過ぎている。

†「血」という概念

たとえばささやかな個人の場合でも、他人との比較は想像以上に日常の生の多くを占めている。心ざわめかせる。自分だって優れている、優れていると認めてほしいという承認欲求が、人生のある部分を占めている。だから、彼ら遅れてきた国民も、イギリスやフランスと比較するという自意識をもってしまった。国家として、比較と承認欲求に駆られてしまったのだ。

冷静に現実に起きていることを調べ、文献にあたってみる、するとドイツ人の恐るべき主張を「歴史、言語、居住地とは関りなく同一民族の血をひくすべての人間を包括すべき『拡大された種族意識』」と定義することができる、こうアレントは考えた。住んでいる土地が離れ離れであっても、同じ血で結ばれていると考える。そしてバラバラになった民族は、一人ひとりが住んでいる土地すべてにまで、その支配ができるのだ。否、しなくてはならないのだ。この独特の主張を、あらためて「汎帝国主義」と命名しよう［アーレント前掲書2―一六四］。

血という概念に注目してみる。すると汎帝国主義の特徴が、よりはっきりと見えてくる。彼らはこれまでの自分＝自国を否定し、より大きな、拡大された自分を「血」によって求め続けた。

民族の本質は土地ではない、血なのである。土地と違って血は体のなかをめぐっている、つまり携帯できる。それは学歴社会のステイタスと同じく、血はもちはこび可能なものだ。同じ血をもった人々は今、広い地域に点在している。それぞれの国家の片隅にいて、虐げられ、恵まれない状況に喘いでいる。
虐げられているわれわれは、民族の血に目覚めるべきではないか。血によって結ばれているわれわれは、点在している地域すべてを支配し、現在のように否定され、本当の自分からはほど遠い状況、狭い土地に押し込められた現状をふさわしい大きさにまで、広げるべきではないのか——。

彼らの中に今の自分を変える必要があるという意識、「革命運動」の必要性が心のなかに湧き起こってくる。汎帝国主義は、疑いもなく革命運動の一つなのである［アーレント前掲書2—一六六］。

国際関係における「負い目」の意識が、市場と同じくどこまでも広がる。

モーターのように不平不満がどこまでも彼らを駆りたてる。だから負い目の意識は恐ろしい、みずからの現状への絶えざる不満と自信のなさ、みずからの本来の姿を取り戻したいという意識——アーレントは『全体主義の起原』で人間の心の奥底を、ここまで描ききった。

汎帝国主義がしきりに主張するのは、「現在の私たちは、本当の私たちではない」、「本当の私たちは、将来に実現されるはずのもっと栄光ある私である」という不平不満である。血をもちだす彼らの民族意識は、徹底的に過去を否定する未来志向型のものだ。歴史をもちだせば、自身の劣等感を刺激するしかない、この恐るべき事実をアーレントは知ってしまった。アーレントは震えながら、現実を描いているようにさえ見える。

4　そして、全体主義に呑みこまれる……

†モッブから大衆へ

あらためて、汎帝国主義の特徴とは次のようなものだ。彼らが主張する民族とは、現実には存在しない架空の観念から勝手につくりあげたものであり、「伝統」とは一切関係がないということ、このことである。過去は否定すべきだからだ。

将来実現すべき目標、しかも終わりなき目標へ向けての未来志向、言いかえれば革命運動こそ彼らの求めてやまないものであった——「大抵は自分たちに相応しくない現在であり過去であるとして非難するからである。伝統、政治的諸制度、文化など、自民族の目に見える存在に属する一切のものを基本的にこの「血」という虚構の基準に照して測り断罪するという点こそ、種族的ナショナリズムを他と識別し得る特徴である」〔アーレント前掲書2―一七〇」。

不満をいだいてきた社会秩序は否定されるべきだし、事実、崩壊し始めてもいた。第一次大戦によるヨーロッパ全体の疲弊、これが従来の世界観・秩序観を徹底的に破壊したからである。影響はドイツとロシアにも、もちろん及んできた。

ゲルナーの言う原子化と、汎帝国主義の人間たちは同じ顔つきをしている。なぜならともに所属先を奪われコンプレックスを抱き、さまざまな場所を絶えずうろついているからである。彼らは今までの自分の所属先を奪われたり、あるいは否定したりしている。きっとモッブも同じ顔つきをしていたに違いない。

こうしてアーレントはすべてのパターンを描ききった。全体主義が登場してくる前史を、人々の心の中にまで分け入って描いてみせたわけだ。それを今一度まとめよう。まずは、海外帝国主義があった。

イギリスやフランスは、市場の拡張による危機を海外の植民地とそこで得られる金、さらには人種思想で逃げきった。心の「無」＝空白に、なみなみと金と人種思想を注ぎこんだわけだ。モッブという本国社会からの離脱者が、金と人種思想に熱狂したわけはここにあった。

では、ドイツとロシアの場合はどうか。

これをアーレントは汎帝国主義、あるいは大陸帝国主義と名づけた。

「伝統、政治的諸制度、文化など、自民族の眼に見える存在」に自信さえあれば、過去は尊重されこそすれ否定されるはずがない。しかしイギリスやフランスに遅れをとり、自民族の過去や現在の国際社会における地位に不満があれば、事態は逆になる。私たちの現状は、「本当の私たち」にとってふさわしくない——つまり否定されねばならない。

心のふるさとを失った人、それを「根なし草」だとアーレントは言った。海外のモッブばかりではない、精神的な拠り所を見失った人は、国内にも溢れていた。彼らはインフレと失業によって、スラム街の人々のように、裸同然の自由に放り出された。そして「大衆」という巨大な塊となって歴史の表舞台に上がってくるのだ。

彼らは過去にも隣人との共同体にも、どこにも所属していない。剝きだしの自分自身にしか頼るべき根拠はない。もっとも典型的な大衆は、だからドイツとロシアでつくりだされたと考えるべきである。「負い目」の意識にさいなまれつつ、彼らは巨大なうねりとなって動き始める。

†大衆、そして全体主義へ

大衆——このモンスターが小魚の群れのように、激しい反転の動きをくり返すさまを、オルテガは見逃さなかった。大衆を、文字どおり正面から主題にすえたのはオルテガ・イ・ガセット（一八八三〜一九五五）である。『大衆の反逆』を書きながら、オルテガは思いをめぐらす――伝統的な精神が跡形もなく消え去った時代、これが私たちの生きている時代である。では伝統と手を切ることで何を、私たちは失ったのだろうか。

それは第一に、過去からの声を、つまりは規範と私たちが手を切ったということである。社会秩序をつくりあげるルールや規範は、時間の積み重ねによってなじんでゆくものであるが、それをここでは「慣習」と呼ぶことにしよう。その慣習を失ってからというもの、日常生活から芸術、政治にいたるまで、あらゆる分野で起こる事件に、私たちは素手で取り組まねばならなくなった。参照すべきモノサシが何もないからだ、「ヨーロッパ人は、まったく一人ぼっちなのだ。彼の傍には生ける死者がいないのだ」［オルテガ一九九五―四八］。私たち大衆は、時間の積み重なりから切り離され、死者からの教訓を聞く機会を失ったこと、これを孤独な一人ぼっちだとオルテガは言っているのである。それはたとえば、柳田国男であれば盆と祖霊の消滅に見出すはずの現象である。

古くは私たちの傍らに寄り添うように、死者たちの霊魂はとどまり見守っていたのだった。この国土にながらく留まっていた霊魂を、しかし私たちは殺してしまった。家から祭壇が消える。多くの先祖たちが翁《おきな》と媼《おうな》に扮して子孫をたすけ、護ろうと還ってくる場所、「盆に平和の家に還って来る祖霊」たちの居場所を私たちは家から奪った（柳田国男）。

家から出て行かせるとは、私たちの心のなかで絞め殺すという意味である。それは音もなくある日、静かにこの国から死者が葬られた瞬間である。悲鳴も、もの音一つもせず、死者は私たちのまわりから姿を消す。

もちろんこれは柳田が見た日本の姿である。だがオルテガもまた気がついたのだ、私たちが「一人ぼっち」だということに。群れ集う大衆であるにもかかわらず、つねに孤独感にさいなまれていることに。

また第二に、一人の人間としても私たちは一人ぼっちである。過去と現在が断絶したことによる孤独だけではない。空間的にも私たちは断絶している。現代社会を生きる私たちは、きわめて自閉的であって他人との関係は希薄になっているのだ。なぜなら他人との合意と承認によって、はじめて基準や意味はできあがるものなのだが、自分のなかに閉じこもっている限り、世界を理解し物事を判断する基準は曖昧で、そのときの気分で評価はコロコロ変わってしまうからである。こういった自閉的な人間たちが生きている時代、すなわちきわめて強い自負心をもってみたり、「同時に自分自身の運命に確信のもてない時代」が現代なのである。「自分の力に誇りをもちながら、同時にその力を懼れている時代。それがわれわれの時代なのであろう」〔オルテガ前掲書―四九〕。

この基準の喪失と、それに翻弄される人々の群れが大衆社会であると言ってよい。死者＝時間的にも、他者＝空間的ともつながりを絶たれた個人が無・意味の世界に落ち込んでいく有様に、オルテガは嫌悪感を禁じられなかった。

†ナショナリズムは全体主義ではない

このようなヒリヒリするような個人を抱えて、人はどうするるか。どうやってみずからの拠り所を探りあてるか――オルテガとアーレントの時代の大衆は、どこでも携帯可能な血や魂に飛びついた。隣国にいる同胞と結びつく理由を与えてくれるからである。また不当に制限された地域を超えて、自民族の本来の姿＝拡大運動を正当化できるからである。隣国にいる血＝同胞のもとまで、私たちは領土を拡大せねばならない――そう人々は考えたわけだ。

血というかがわしいことばからも分かるように、ドイツとロシアは人種問題を生み出した。それはイギリスとフランスのモッブより、はるかに深刻な人種思想である。それがドイツやロシアの汎帝国主義の正体なのであった。大衆の心のなかに人種思想を注ぎこんだのである。アーレントの場合、それをナショナリズムではなく、「疑似神学」と呼ぶべきだと思った［アーレント前掲書2―一八一］。

ナショナリズムはしばしば不当にも宗教の代替物もしくは「新しい宗教」であると非難されるが、正しく言えばこの種族的ナショナリズム、特に汎スラブ主義における種族的ナショナリズムが実際に疑似宗教的理論と神聖の観念を生んだのである。［アーレント前掲書2―一八〇］

だからまず、ナショナリズムは全体主義ではない。

全体主義を、トラヴェルソを参考に「独裁者の支配を歓迎する雰囲気、集団である」と定義しておいた。しかし今や、もう少し詳しい定義をすることができる。第一に、全体主義に雪崩れこむ人々の心は自閉的で孤独である。なぜなら彼らは過去とも他者とも断絶しているからだ。第二に、みずからの過去に対して否定的であり、つねに現在の自分に不満を抱えている。そして第三に、伝統と断絶し、不平をいだく人々は、つねに未来を求めて変化と移動を好んでいる。空洞と化した心のなかに、何かを受けいれることで安心しようとするのだ。そこにしのび寄るのが、人種主義であり疑似宗教なのである。それこそ全体主義だとアーレントは言ったのだった。

安定した秩序と均衡を重視すること、運動や移動よりも土地に刻んできた歴史、先祖の営んできた労働を受け継ぐこと、これがナショナリズムなのである。定住こそ、ナショナリズムの第一の定義である。孤独に打ちひしがれた人間の無目的な運動とそれは対照的な立場のことだ。ナショナリズムと「種族的ナショナリズム」をアーレントは厳密に区別していることに注意しなければならない。種族的とは、血を求めて広がること、すなわち全体主義のことだからである。

また、ナショナリズムは宗教ではない。ナショナリズムはしばしば、「新しい宗教」と呼ばれるがそれは間違っている。ナショナリズムの定義としても、宗教の本当の意味も、それではともに誤解されてしまう。批判されるべきは、ニセモノの宗教、空虚な心に襲いかかる「疑似宗教」なのである。

全体主義は、人種主義として具体化し、人々に牙をむいた。さらに全体主義は、独裁者を生むニセモノ宗教も生み出してしまった。疑似宗教とはそういう意味なのであって、アーレントにしたがえば、ここで全体主義＝疑似宗教だと言ってよい。

だからナショナリズム＝全体主義＝宗教ではないのであって、全体主義＝疑似宗教という等式は成り立つだろう。ひとりのカリスマの登場、独裁者に拝跪する人々の群れ集うありさま、このドラマのような悪夢が眼の前の現実になっていることを、アーレントは必死に書きとめようとしていた。生々しい現実をことばで紙に彫刻してゆく、ここに彼女の尽きない魅力がある。

第三章

独裁者の登場

——吉本隆明『共同幻想論』

1　吉本隆明とは、何者か

†全体主義の基本モデル

戦争は思想家を生む。

強大な暴力と破壊衝動が時代を爆破する、そして人間と人間が積みあげてきたものすべてを吹き飛ばしてしまうのが戦争である。人は激しく衝撃をうけ、感受性に恵まれた人間だけが、衝撃をことばにしようとする。みずからの心のざわめきを、ことばという彫刻刀で紙に刻んでゆくのである。そして思想家が生まれる。わが国で一九四五年八月一五日に終結した「あの戦争」は、洋の東西に多くの思想家を生んだ。刻んだ作品はそれぞれに違う姿をしているが、彫刻刀をもって挑んだことに変わりはない。

前章で、ナショナリズム＝全体主義という図式が破壊され、むしろ全体主義＝疑似宗教ということが分かったであろう。ここでもう一度、簡単にまとめておこう。

全体主義に抜きがたくある傾向を、膨張・移動・流動性といったことばのイメージから明らかにできる。全体主義はナショナリズムとは異なり、外側に広がること、そして変化を肯定する。

しかも全体主義は、単なる政治・経済制度の変化ではない。制度変化を生み出してしまうのは、人間の内部に変化が起こるからだ。全体主義は、産業化・近代化のはてに人間の心に宿る暗闇であって人間精神の本質的な変化のことである。

それは精神の空白、とでも呼ぶべきものであった。個人がすべての法的な保護や社会の役割を奪われ、裸の自分、きわめて困難な自由へ放り出されることである。

全体主義は、こうした孤独な個人の集合体＝大衆が主役の運動である。負い目の意識を埋めようとし、強烈な孤独を忘れようとすると、人は人種主義をもちだし、あるいは独裁者を求める。それをアーレントはニセモノの宗教、「疑似神学」と名づけた。

こういった特徴を、ナショナリズムに割りあてて私たちは平然としてきたのであった。ナショナリズム＝全体主義、あるいはナショナリズム＝宗教という図式、これを無条件の前提にして、私たちは肯定や否定をくり返してきた。国家ということばを聞く。あるいは自分はナショナリストであると言ってみる。すると、そのことばに対するイメージだけを頼りに、批評が行われ罵声や怒号が飛び交う。その光景はあたかも、テレビで勝手につくられたイメージで野球選手を批評しているのに似ている。野球評論家気取りならば酒場の笑い話で済むし、飲み会の帰りに忘れもしよう。だがここでの問題は、ナショナリズムなのだ。イメージだけを頼りにした身勝手な思いつきや断定は、慎まなければならない。ナショナリズムに対する通念を突破するための、もう一つの破壊装置を取り出そう。吉本隆明のことばを取りあげたい。だがその前に、すでに「過去の人」となりつつある吉本隆明について、最低限の紹介をしておかなくてはいけない。

†吉本隆明の登場

アーレントが全体主義とナショナリズムの違いについて考えていたころ、極東の片隅の、下町の船大工の息子が思想家になろうとしていた。この章の主人公吉本隆明である。吉本隆明の思想家としての取り扱われ方には、特徴があると思う。一九六〇年代に知の巨人として君臨した吉本は、当時の学生にとって、いわば絶対的存在であった。だから吉本について論じる、あるいは現在でも読んでいる人の多くは、学生時代の生々しい印象とともに彼の作品を手に取っている。ファンであり続けるにせよ、父親に反抗するように批判的に読むにせよ、思い出とその後の人生経験を重ねて読まざるをえない。それくらい、自分の人生と切り離して読むことができない密着した存在なのである。そこにはいつの間にか、自分史が重なってこざるをえない。

ところが一方で、学者の世界を歩んだ人、政治や国家を学ぶ人は、ナショナリズムを考えるときに『共同幻想論』を取りあげない。ホッブズやルソー、ヘーゲルは勉強しても吉本を「勉強」する題材には選ばないのである。『共同幻想論』を戦後日本のナショナリズム論の到達点であることを、彼らは完全に無視してしまっている。

吉本への、この二つの立場が現在でも続いている。ナショナリズムは何なのか、その答えをこの国でモノを考えた人、つまり「思想家」吉本隆明の作品から取り出したい。当時、もっとも読まれたであろうこの本から、今、何が取り出せるのか。吉本ファンと学者のあいだの亀裂を埋める作業が必要である。

これから筆者は、吉本隆明の『共同幻想論』を次のように読む。

「国家は共同の幻想である。風俗や宗教や法もまた共同の幻想である」〔吉本一九八二―七〕とする『共同幻想論』は、戦後日本人がナショナリズムを考えた最高峰の達成である。そのことに異論はない。だが吉本は、アーレントが指摘したのと同じ過ちを犯してしまっている。国家も宗教も、全体主義もすべては幻想であると批判してしまうのだ。

だがナショナリズムと全体主義は分けられなくてはいけない。また宗教ということばも、そう安易に使ってはならない。それぞれの違いを知るための最良の書、それが『共同幻想論』である。以下『共同幻想論』がナショナリズム論であるというのは、そういう意味においてである。

†吉本思想の核心

よってまずは『共同幻想論』を、全体主義の誕生を明らかにした書物として読みなおす。これからの数十頁、吉本の「個人幻想」の論理を徹底的に読み込むことで、全体主義の登場する理由を暴く。アーレントやゲルナーと同じ彫刻刀をもって、吉本は時代と格闘した。全体主義がどのように生まれてくるのか、なぜ人は何かを、誰かを信じようとするのか。疑似宗教へとはまりこんでしまうのだろうか。全体主義の特徴の一つ「独裁」が生まれてくる現場を、吉本とともに目撃するつもりだ。

では、吉本思想の核心部分とは何か。聞けばかならず「むずかしい」と言われる、吉本の文章の骨とは何なのだろうか。

筆者の見るところ、吉本隆明が戦った「課題」は、大きく言って次の二つである。

第一に、たとえ私たちが自分で考え、判断し選択したとしても、それがかならず「正しい」とは限らないということ。

どれだけ真面目に考え、強い意志で選びとった思想であっても、それが社会をよくする保証は何もないという事実に、吉本は打ちのめされた。自分が絶対に正しいと思う。だがそれだけでは正しさを証明したことにはならないのであって、私たちは善意や真面目な思いから、人殺しをしてしまうことすらあるのだ。オウム真理教の殺人事件は、まさにこのことを証明している。正しさは「人間の意志に関わりなく、人間と人間との関係」から決まるものなのである。

どうして人は、これほどまでに思想、信仰、何でもよいがものごとを信じ切ってしまうのだろうか。なぜ人は、世界平和をとなえながら、自分の考える正しさについてこない連中を殴ったり、罵倒したり問いつめたりできるのか。

正義が暴力まで生み出してしまうのだろうか。これが第一の課題である。

第二に、自分が今属している集団や社会秩序に疑問をいだき、批判するだけの強さを私たちはもつことができるのか、という問いである。

どうすれば、「人間と人間との関係」が強いてくるルールに騙されないで、それを批判的に見る眼をもつことができるのか。その根拠はどこにあるのだろうか。「逆立」ということばがキーワードとなる。「〈個人〉は自分が存在しているしかたを逆立させることによってしか、〈社会〉の心的な共同性に参加することができない」〔吉本一九六九―四六五〕。その根拠は、どう見ても個人の社会に対する違和感のなかにしかないと吉本は思った。

以上の二つの問題と吉本隆明は格闘した、格闘することで思想家になったのである。戦争体験は、この思想を鍛えるために必要なつらい試練を吉本に与えた。戦争を起こしているような社会を、どうやったら批判できるだろうか。それは個人しかないはずだ。でも、その人間が正しいと思って動きだした瞬間、今度は、自分の正しさに眼をギラつかせ、人にそれを強制し、暴力を働く場合もある。それは戦争と同じくらい暴力的ではないか。正しさに心を奪われ、溺れてしまうのだから。

この集団と個人との微妙な関係、危険と隣りあわせの問題が吉本思想の核心をつくっている。『共同幻想論』によって、より具体的に吉本が戦った二つの問題を見てみよう。

†『共同幻想論』へ

それにしても、「吉本隆明」という名前のもった影響力はすごかったらしい。橋爪大三郎（一九四八〜）や小浜逸郎《こはまいつお》（一九四七〜）といった現在活躍している批評家の多くが、吉本隆明の影響を口にしている。中でも当時、『共同幻想論』の破壊力は圧倒的なものがあった。

では、『共同幻想論』とは何なのか。

一九六八年。この年は「全共闘運動」が最高潮に達した年である。全共闘運動とは、さしあたり学生による大学権力への反抗運動、自治の要求、さらにエスカレートした結果、時代状況すべてに対する違和感を表明した運動だと思えばよい。東大の文化祭に三島由紀夫が登場し、学生たちと議論を戦わせた時代。違和感を学生たちと共有した三島が、一九七〇年、自衛隊の市ヶ谷駐屯地へ乱入し憲法改正を訴えて割腹自殺する、そんな騒然とした時代だった。

当時、学生たちは『共同幻想論』をむさぼり読んだ。

みずからの違和感を代弁してくれる熱気と核心的なことばを探し求めていた。そのことばに出会えたような気がした。何よりも、吉本の共同幻想＝国家に対する関心が、戦争体験に支えられていることが魅力的だった。本質的なことばで国家について語っているように思えたのである。事実、戦争体験は、吉本にとって決定的だった。『マチウ書試論』『転向論』さらには柳田国男論や丸山眞男論などのすべては、戦争によって流された血をインクにして紙に彫られたものである。

また吉本隆明は詩人でもあった。詩人として『言語にとって美とはなにか』を書き終えたとき、『共同幻想論』を書く必然性が吉本を襲ったのである。

『言語にとって美とはなにか』の作成中に、吉本をとらえ始めた問題があった。「社会主義リアリズム／反社会主義リアリズム」の二項対立がそれである。この二項対立に、今、特別こだわる必要はない。人間にとって政治とは何か、文学とは何か、そして文学と政治の関係はどうあるべきなのか、こういうふうに問いを分かりやすく言いなおすことができる。

政治のスローガンに、ことばが使われる。するとかならず、ことばは大袈裟になり粗雑に扱われる。これはおかしいと吉本は思った。詩人とは、ことばが人の支配に利用されることを拒否する人間である、吉本はそう確信していた。

「スターリニズムの芸術論というようなものですね、そこでは言語そのものは人間にとって一つの道具であるというふうにとらえられる」〔吉本一九八二序―一九〕。これをどう克服したらよいか、と質問者は吉本に問いかける。――ソ連の独裁者スターリンが支配した時代の、前章でアーレントが批判の俎上にのせた政治体制のことを、ふつうスターリニズムと呼ぶ。この独裁体制に対し、文学・思想はどのような批判ができるか、批判の方法を獲得できるか。

今までの文学や思想では駄目だと吉本は思った。独裁者に反対するのに有効だとはとても思えなかったのである。

文学や思想は、誰の支配も許さない、個人に独自の営みである。

にもかかわらず、それまでの文学・思想は、人間にとっての「政治的な解放」を過大評価し過ぎてきた。これが誤りの原因なのではないか。

人間の人間たるゆえんを、政治だけに限定するのはおかしい。生きることは政治だけで充たされるものではない。確かに人を支配する快楽は特別で、恐ろしい魅力をもって私たちを虜にする。その支配にことばが屈し、奉仕してしまっている。
しかしやはり、政治を人間の幸福＝価値の根底にすえるのは間違っているし、ことばの役割をやせ細らせてしまう。文学や思想を殺す。人間の人間たるゆえんは、もっと豊饒でドラマチックで、しかし吐き気のする何ものかだ。それを表現すること、それが文学なのであり、一人ひとりの人間に許された特別な世界だ、吉本はそう思った。

†文学の重視

だから国家と国民の関係を上下関係、権力／抑圧の関係で考え、そこから解放されれば人間の自由が得られると思うのは間違っている。たとえ政治的な自由が実現しても、あるいはどれほど豊かな生活が送れても、人は生きていることに苦悩している場合もある。存在することそのものへの嫌悪感、それを何とかして表現したいと思って生きている場合もあるのだ。

——〈エリアンおまえは此の世に生きられない

おまえはあんまり暗い〉――
――〈エリアンおまえは此の世に生きられない
おまえは他人を喜ばすことが出来ない〉――
（中略）
――〈エリアンおまえは此の世に生きられない
おまえは平和が堪えられないのだから〉――（「エリアンの手記と詩」）

終戦を経験することで、吉本はこんな詩を書かざるをえない地点に追いつめられていた。生きているだけで嫌悪を感じ、一日一日を生きているだけで疲労したり、人間不信に陥ったりするのもまた人間なのではないのか。そのことに敏感なのが、文学なのではないか。

私は一人の人間として、個人として生きている。そして表現している。にもかかわらず戦争や宗教対立、さらには会社のもめ事にいたるまで、私たちは組織や人と人との関係にいらだち、翻弄され、巻きこまれることで生を営まざるをえない。人生の大半の時間を、他人・他国との関係に費やして生きているのである。どうして私個人で考えれば「おかしい」と思うことに、嫌でも人は巻きこまれるのか。集団をつくり、その内部で人を排除したり、イジメたりして「生きている」のか。

要するに面白くもない人間関係に巻きこまれるのはなぜなのか、「個々の人間の観念が、圧倒的に優勢な共同観念から、強制的に滲入《しんにゅう》され混和してしまうという、わが国に固有な宿業のようにさえみえる精神の現象は、どう理解されるべきか、ということである」〔吉本前掲書―一一〕。個人のなかに、共同体の観念が入り込んできてしまう。それはいったい何なのだろう。

そしてそれを批判する拠点はどこにあるのか――こういった深い問いに、吉本は直面してしまった。こういう問いにとりつかれた吉本にとって、「社会主義リアリズム／反社会主義リアリズム」の対立は、人間を政治問題に限定した不毛な対立であった。『共同幻想論』という文学を書き、人間すべてをまるごと理解できるような文学を書きたい、個人にしかそれはできない――吉本はそう思った。先にまとめた吉本思想の第一と第二の課題は、こうして具体化するのである。

†個人幻想とは、何か

当時の学生たちは、そこに散りばめられた概念にうなされ、とくに「幻想」という概念は、時代を読むための必須アイテムになった。この概念を用いれば、自分が生きていることの意味、世界がどういうふうにできているかを理解できる。その結果、全体主義を本気で批判し解体できる、そう思った。

『遠野物語』と『古事記』に秘密は隠されている。この二冊をとことんまで読みこめば、今までとはまったく違う方法で全体主義を批判・解体できる。私が一個人として生きることの意味、男女の性と家族問題、それらと共同体との関係、つまりは「人間」というものを完璧に明らかにできる、吉本は確信をもってこの書を世に問うたのであった。そして若者に受けいれられた。

そのために使うべきなのは「個人幻想」「対幻想」「共同幻想」というキーワードである。では三つの概念をどう駆使すればよいのだろうか。まずはフロイトを手がかりにしてみよう。

たとえば精神分析の巨人フロイトは、「性」と「禁制《タブー》」について考えた思想家である。彼は性もタブーも、あまりにも個人的なことがらに限定して考えを進めていく。しかし少し考えてみれば分かることだが、性行為は個人の心のなかだけでなく、他人同士の関係を含んでいる。だからそれぞれのケースについて、きちんと分けて考えなくてはいけないはずである。しかし強迫神経症を調べていたフロイトにとって、性もタブーも個人にとっての禁止の問題に見えてしまった。だがそれは間違っている、私＝個人幻想・男女や家族＝対幻想・法と制度と国家＝共同幻想をきちんと分けること、これがまずは必要なことだ

――このように吉本は考えた。

強迫神経症は、自分で自分にタブーを課す、ストレスを与えるということである。これをまず、「個人幻想」としよう。違和感を抱えて生きている人間は、人と人との関係が強いるタブー＝共同幻想にきわめて敏感である。そこに文学や思想が宿る。ことばが生まれてくる。

一方もちろん、そうでない人はたくさんいるわけで、こういう正常な人が、おだやかな共同体のルールになじみ、集団にしたがっている状態を「黙契」と読んでおこう。

この黙契とタブーがきちんと腑分けされず混在していること、これがまずは注意すべきポイントである。未開時代から現在にいたるまで、黙契とタブーは混ざりあってしまっている。では黙約とタブーの違いとはなんだろうか。それを腑分けすることが、どうしてそれほど重要なことなのだろうか。

知識人も大衆もいちばん怖れるのは共同的な禁制からの自立である。この怖れは黙契の体系である生活共同体からの自立の怖れと、じぶんの意識のなかで区別できていない。べつの言葉でいえば〈黙契〉は習俗をつくるが〈禁制〉は〈幻想〉の権力をつくるものだ。そういうことがつきつめられないまま混融している。［吉本前掲書―四八］

私たちは社会のなかで、一定のルールにしたがって生きている。そのルールには黙契とタブーの二種類があり、区別を知らないまま私たちは生きている。

だがそれは恐ろしいことである。なぜなら「生活共同体」や「習俗」といった伝統を含むルール＝黙契と、個人崇拝＝独裁者が課すタブー――「〈幻想〉の権力」――この区別ができていないからだ。この違いに関心をもつということは、共同体には二種類あるということ、ナショナリズムと全体主義を区別するための最初のステップなのである。

この違いは決定的に重要だ、吉本はそう思った。

黙契ということばは、おだやかな時間、伝統を感じさせる。さらに習俗も、人々に共有された時間の観念を含んでできる暗黙のルールのようなものである。

だが一方のタブーにはそれがない。「制度から転移したもの」あるいは「神聖さを強制」されたもの、それがタブーの正体だと吉本は続けて書き足す。タブーは権力によって強制されたものである。その神聖さはあやしげで、人工的につくられたものである。

吉本は、この二つの差に敏感であった。敏感であらねばならぬ、そう思った。

なぜならスターリンのつくった体制＝全体主義が脳裏をよぎったからである。スターリンのつくった全体主義は、人工的につくられた体制にもかかわらず、過去を、伝統を使用しようとした。黙契とタブーの区別を曖昧にしていたのだ。神聖さを変だと感じなくなれば、人々は伝染病に罹ったように体制へ呑みこまれる――『共同幻想論』を吉本は、独裁への警告から始めているのである。

個人崇拝と個人幻想は対立しなくてはいけない。個人幻想とは、文学をつくることであり、ことばが政治支配に絡め取られないようにすることだからだ。個人崇拝にはない特色があるのだ。

でも実際には、私たちは喜んで信じてしまうことがある。

私たちは知識をいくら身につけ、正しいと思っていても「迷蒙」に陥ることを吉本は知っていた。また戦争によってさまざまな経験をするうち、「信と妄執が同在できるものだという認識は、信にたいする不信」を吉本にもたらした〔吉本二〇〇四―序〕。信じるとは何なのか、ほとんど妄想と狂気と変わらなくなってしまうことがあるのはなぜなのか、どうして人は何ものかを狂信することになるのか――こういう問いを吉本は見つけ始めていた。

タブーと黙契の区別に気づかないままつくられた共同体、それが全体主義であり、独裁者の登場である。『共同幻想論』を全体主義論として読むとは、まずはこのような意味である。

2 個人幻想は人間を、自殺へ追いこむかもしれない

†個人幻想と共同幻想

文学と思想を生み出すこと、これが個人幻想であった。一切の支配を受けないこと、政治を拒否することが文学である。フロイトを参考にすると、彼らの多くはまた強迫神経症の人間が抱える苦悩を背負ってもいた。

その個人幻想は、スターリンがつくった共同幻想に強く対立するはずである、またそうではなくてはならないはずである。しかし実際には無理だったのであり、全体主義という共同幻想、妄信を生み出してしまった。それはなぜか。

芥川龍之介（一八九二〜一九二七）について考えれば、この答えが出てくると吉本は思った。神経症にして文学者の典型である芥川を考えれば、全体主義の登場を理解する手がかりが得られると思ったのである。

すでに高村光太郎（一八八三〜一九五六）との知的格闘は『高村光太郎』として世に問う

た。芥川のことがよぎったのは「死」、なかでも自殺について考えたときのことである。都会の知性を練りあげてつくったような小説家、神経質の塊のような秀才の心を覗く必要がある。その際、柳田国男の文章に出てくるような主人公と芥川を比較すると、自殺のもつ意味とは何かが見えてくる。

その後に、結果的に個人幻想と全体主義の関わりが明らかにできるのだ。たとえば柳田国男を参考に、漁師が幻想を見た場合を考えてみよう。漁師やその子供たちが神隠しにあったとか、海岸で濡れた女や不思議な男に出会ったとか、そういう話はいくらでもあるのだが、漁師たちの幻想は芥川の幻想とは、どうやらかなり異なるもののようである。

『遠野物語』の山人譚は、漁師が繰返している日常の世界からやってくる〈正常〉な共同の幻想である。しかし、わたしたちが体験する〈既視〉は、日常の世界とはちがった場面で出遇いそして感ずる個人の〈異常〉な幻想として意味をもっている。このちがいは日常生活に幻想の世界をよせる大衆の共同の幻想と、非日常的なところに幻想の世界をみる個人幻想との逆立を象徴しているようにおもわれる。［吉本前掲書―五四〜五五］

漁師たちがふと出会う山人などの幻想は〈正常〉な幻想である。誰かが不思議な出来事を語る、すると漁村の人々すべてがそれを受けいれる。漁村に住む人々が無意識のうちに共有している幻想、これは先にフロイトについて見た場合の黙契に当たるものだ。個人と集団のおだやかな結びつきがそこにはある。

しかし一方で〈異常〉な個人幻想というものがある。

強迫神経症の個人幻想がそれであって、ここではそれを〈既視〉と名づけよう。漁村の人々＝「大衆」とは違い、この異常な個人幻想にとらわれているのは知識人であり、代表例が芥川龍之介なのではないか。そして私たちが体験しているのは、この芥川の個人幻想ではないのか、吉本はこう考えた。

吉本の考えは、ゲルナーとオルテガを見てきた私たちから見ても正しい。産業社会は都会に人々を誘惑し、都会には原子化（ゲルナー）した人間どもが溢れている。伝統と手を切る、つまり過去＝死者たちを絞殺した私たちの「生は本質的に孤独であり根本的孤独である」［オルテガ一九八九―六〇、傍点原著］。

生きることは徹底的に個人的なものとなり、今いる条件のもとで否応なくつねに何かをしなくてはいけないという、追い立てられた生活をしている。絶えず何かを自分自身で選択し続けることを強いられているのが私たちの生活であり、それは強制された自由――強迫神経症――である。誰にも代わってもらえない孤独な自由を引き受けること、これが都会を生きる私たちの「生」だとオルテガは言った。

このオルテガの問題関心を吉本は芥川で追いかけてゆく。だから芥川を批判することは、知識人を批判するだけに終わらない。私たち自身を、現代社会のすみずみまで浸透している気分を、芥川は代弁しているからだ。芥川は、つまり私たちはどうなっているのか。吉本は芥川龍之介に、何を見てしまったのか。

†自殺の論理

芥川晩年の作品『歯車』の主人公は、魂が抜けでるような幻覚に襲われている。柳田国男が描いたような民俗学の世界でも、村の若者や病人が幻覚を見るが、それは村落全体がいだく集団の無意識が母胎である。その物語が「離魂譚」と呼ばれるものだ。だが『歯車』の主人公には、母胎のような温かな集団は存在しない。主人公が幻想に見てしまうのは、行きなれた大都会の「帝劇」であったり、「銀座の或煙草屋」であったりする。見まわしてみてもそこにはなんの由緒もない、歴史がない。都会の行きつけの場所に過ぎない。ここで吉本は、主人公がこういう都会をさすらいながら見る幻覚が、民俗学の世界とは違い、いつも「自死」に関わる幻覚だと気がつく［吉本前掲書一八九］。

芥川龍之介に悲劇があるとすれば、都市の近代的知識人としての孤独にあるのではない。都市下層庶民の共同幻想への回帰の願望を、自死によって拒絶し、拒絶することによって一切の幻想からの解放をもとめた点にあるのだ。［吉本前掲書一八九〜九〇］

強迫神経症の芥川が、共同幻想から逃れる方法は「自死」、つまりは自殺しかなかった、吉本はこう確信している。芥川は出生の地、東京の下層庶民の生活に戻ることはできないし、だからといって知識人の身分にどっぷり浸かることもできない。どこにも帰る場所がないと思ったとき、みずからを抹殺するしか方法はない、芥川はここまで思いつめたというのだ。

一方で「母胎」への回帰を果たし、個人と集団を調和できた人、無意識に根ざした人間の夢を信じることができた人、それが柳田国男であった。彼は神経質な死へのいらだちや不安、そういう体験とは無縁だった。死へのイメージも芥川のそれとはまったく違ったものとなる。『遠野物語』に登場する死のイメージは、村はずれの橋のむこうから手招きする亡母や、村人すべてが共有している「他界」のイメージである。伝承と時間がゆっくりと堆積することでかたちづくられた、それが柳田の見た死なのである［吉本前掲書一八八〜

八九」。

†宮本顕治とマルクス主義

ところで芥川龍之介が自殺したのは、昭和二年(一九二七)のことである。

その波紋は大きく、しかも素早かった。小林秀雄は『芥川龍之介の美神と宿命』を書き、林房雄(一九〇三〜一九七五)や中野重治(一九〇二〜一九七九)も同情を隠さなかった。さらに戦後、日本共産党書記長をつとめた宮本顕治(一九〇八〜二〇〇七)の場合、『「敗北」の文学』を書かざるを得なかった。これを書くことで、ようやく宮本はみずからを納得させ、共産主義運動に入っていくことができたのである。

金を稼ぎ、親の世話を気にかけ、所帯をもち子供を育てること、作品をつくりその作品を評価してもらうために人と会い、酒を酌み交わすこと。要する世を渡り生きていくことは、芥川にとって苦痛であった。ゲルナーが発見した人間像、携帯できる知識——「高文化」のことだ——だけを頼りに生きる術を生み出さねばならない都市型の人間、それが芥川だった。芥川にとって人生は、呼吸するだけで神経をすり減らすくらいくだらない何ものかであった。

芥川が次第に人生に敗北していくありさまに、宮本は愕然とする。そして『「敗北」の文学』というタイトルをつけ、芥川の性格を「実践的自己否定」「後悔に満ちた自己批判」だと、震えるように宮本は書きつけた。実践的自己否定とは自分で自分を批判することであり、それはまさしく前に見たフロイトの言う強迫神経症にほかならない。

この真実を明るみに出した宮本は、自分も巻きこまれるかもしれないという恐怖に襲われた。死の影が巨体を横たえていることに、正直、宮本はおびえていたのである。「駄目《だめ》だ！　芥川の『遺書』が、――『西方《さいほう》の人』が、妙に今晩は、美しく、懐かしく感じられるのだ」〔宮本一九七三―二二八〕。知人のこの告白を、宮本は否定することができないでいた。

芥川の作品『大道寺信輔の半生』や『地獄変』『枯野抄』、さらには『将軍』が宮本をとらえてはなさない。

たとえば『将軍』には無知で残忍、しかも打算的な主人公を登場させ、芥川は冷笑を浴びせかけている。だがこのような冷笑と理知で武装した芥川が行っていることは、自然主義文学と同じ「暴露趣味」に過ぎないではないか――こう宮本は感じたのだった。

明治末期に流行した文学、それが自然主義文学である。

田山花袋（一八七二〜一九三〇）の『蒲団』『一兵卒の銃殺』などが文学史上の重要作品ということになる。その特徴は、あらゆる倫理やルール、そして権威が取るに足りないと暴露し、否定し、冷笑することだった。人間などしょせん、性欲に淫した存在に過ぎない。この自然主義のなれの果てが芥川だ、彼もまた暴露趣味に淫した作家だと宮本は思った。

しかも困ったことに、芥川には人間を馬鹿にするにはあまりにも真面目過ぎる一面があった。人間が芸術を生み出す能力をこよなく愛し、その可能性を信じていた。だから芥川は、人間に絶望と可能性の両方を発見し、そのあいだに引き裂かれ苦悩したのである。人間を冷徹に遠くから眺め馬鹿にしつつ、一方で芸術と倫理の可能性を信じてしまう。

こんな弱々しい社会批判でいいのか、もっと野蛮な情熱をもって人生と社会を切り拓き、雄々しく渡世しようではないか。きっと社会を変えてみせる、変えなくてはならぬ――宮本はこう思った。マルクスの考える理想の世界へ、政治の世界へ宮本はのめりこんでゆく。それは自殺から眼をそらすための、唯一の方法に思えたのだった。だがそれは、スターリニズムという独裁と全体主義を生み出すことに、宮本はいまだ気がついていなかった。

†ロマン主義とは、何か

『共同幻想論』は、全体主義論である。

独裁＝全体主義はなぜできるのか、危険きわまりない集団＝共同幻想を私たちはなぜ信じ切ってしまうのか。個人幻想・対幻想・共同幻想、この三つの関係を考えぬけばきっと答えが見つかる。本当の意味で全体主義を批判できる。そう思って考察の筆を進めるうちに、吉本は強迫神経症＝個人幻想が、危険であると思った。個人幻想は極めて両義的なものであり、自殺につながるまずい場合があることを、芥川を読むことで吉本は知ってしまった。

ところで、芥川の自殺の論理は、宮本の否定＝マルクス主義の登場によってすら火消できなかった。自然主義文学→芥川龍之介という流れは、その後「日本ロマン派」という文学運動に引き継がれたからである。

この日本の文学運動は、ちょうどアーレントが全体主義を目撃していた時期に重なる。第二章のアーレントは、帝国主義の時代を考えぬくことで、第一次大戦後、それが全体主義へ雪崩をうって進んでいくありさまを、大部の著作に残したのだった。ドイツで独裁者を人々が歓迎し全体主義化する時代に、ちょうど日本のロマン主義者は生きていたのである。では日本ロマン派とは何だったのか。それは吉本の『共同幻想論』に何を、つけ加えてくれるのだろうか。

二一世紀を迎えた今日、一九三〇年代以降の青年たちを魅了した日本ロマン派について、細かい解説をする必要はない。まずは本書の第一章で、三島由紀夫と天皇をめぐって、激しい論争をした橋川文三のことを思い出そう。師匠にあたる丸山眞男の論文に疑問を感じ、

「超国家主義」の「超」をめぐって論争したあの思想家のことだ。

彼こそ、日本ロマン派についてもっとも雄弁に語った人物であった。宮本顕治が自殺を逃れるために選んだもの、それは共産党であった。一方、橋川が魅了されたのがロマン派、とくに保田與重郎《やすだよじゅうろう》（一九一〇〜八一）という思想家である。橋川は、宮本顕治たちマルクス主義を選択した世代に続く一つ下の世代である。そのときの青年たちの心理は、次のようなものであると橋川は後に振りかえっている。

かんたんにいい切ってしまえば、すべて存在するものの存在がその確定的意味を喪失し、人間における信条体系の一義性が消失した状態がそこにはあった。［橋川二〇〇〇b―一四八］

宮本の決意から数年後、マルクス主義は受難の時代を迎えた。昭和一〇年代には、マルクス主義の役割は、この国では限界を露呈してしまうのだ。再び自然主義↓芥川の流れが、つまりは小説家の自殺の論理が重い頭をもたげてくる。橋川らの世代にとって世界は確実な意味を失って崩れているように見え、マルクスはもちろん何を信じていいのか、まったく分からない状況だったのである。その精神的雰囲気を引き継いだのが、日本ロマン派なのである。

日本ロマン派を主導したのは保田、つまり保田與重郎という批評家であった。『万葉集』など日本古典や美術に深い関心をもち、戦後は農作業を行いながら文学作品を書いた。

その保田もまた、ハナ・アーレントや吉本隆明同様、戦争時代を生きた。多感な青年たちに彼のことばは静かなブームとなって広がった。保田らに先行する世代には、個人がその実存をかけて信頼に値する世界観＝モノの見方があった。たとえばマルクス主義がその役割を担っていたのだった。

世界を理解する見方、解釈の方法、それをマルクス主義が与えてくれた。マルクスを読む。そうすればこの複雑きわまる混沌とした世界全体が、整理整頓され、ある法則をもち、ある方向へ向かって動いているように見える。それはあたかも、新しい眼鏡をかけたときのように鮮やかに世界が「見える」気分を、当時の若者に提供したのだった。

だが昭和一〇年代、そういったイデオロギーすべてが嘘であると分かったとき、人は激しい混乱に襲われる。何を支点＝視点にして世界を理解すればよいのか分からなくなる——これが、日本ロマン派が若者に突きつけた課題の中心だったのであり、世界の溶解は、自分自身の存在もまた溶け出すというグロテスクな経験を与えたに違いないのだ。橋川の言う「若い青年のデスパレートな信条」あるいは「確定的な意味を喪失し、人間における信条体系の一義性が消失した状態」（傍点先崎）とは、こういう意味だと思えばよい。

世界が混沌だということとは、私という存在自体も不定型で生々しいものとして露出してくるということである。つまり世界も自分自身も、得体のしれないもの、奇怪なものとなる。ではどう生きればいいのか、あるいは死に意味づけをすればいいのか？——こういった深刻な問いは、当時の若者を自暴自棄に導くのに充分であった。

デカダンスを特徴とするロマン派の主張には、濃厚な「死」のかおりが漂っている。戦争が不可避な状況で、世界や私という存在が溶けだし腐臭を放ち、胎盤のような血なまぐさいぶよぶよとした「モノ」になってしまう。戦争がもたらしたのは、そういう経験以前にまで引き戻されるような何かであったはずである。無・意味の深淵に呑みこまれるという「経験」だったはずである。

橋川の悲劇から分かるのは、自己の存在自体が、時代の宿命によって解体されてしまったという根源的な喪失体験である。アーレントだけではない、吉本も芥川も、保田も橋川もここで死という問題に直面してしまった。

戦争は、死のかおりを青年に吹きかけるとともに、このどうしようもない世界をどう理解し、自分を位置づけ、納得すればいいのかという強烈な課題——しかもまもなく、その世界からいなくなるのに！——みずからを引き裂くような問題を与えた。

死には関わりたくない。

しかし、絶対に死に直面しなくてはならない。そういうとき、人はどう感じ、どう振舞うのだろう。

橋川は、その濃密な死の匂いをことばにすることで、どうにか精神の均衡を保ち、生き残った時代＝戦後を千鳥足で生き抜いた。

†個人幻想のゆくえ

個人幻想は、自殺の論理につながる。しかも問題は宮本顕治の方法＝マルクスでは何一つ解決しておらず、ロマン派によって続いていた。『共同幻想論』を書きながら、吉本は自分が導入した個人幻想の帰結に驚いたはずである。そしてここから独裁＝全体主義が人々の心をわしづかみにする理由が、吉本にははっきりと分析できるように思えた。

言いかえると、人間が政治にばかり熱中し、人を支配しようとするスローガンに心奪われてしまう理由が、個人幻想のゆくえを見届けることで明らかにできると思ったのだ。スターリニズムはなぜ起こるのかを、人間の心の奥深くまで入りこんで取り出してきたのだ。

吉本の筆が、「〈他なるもの〉へ向かう志向」、「〈自同的なるもの〉へ向かう志向」という二つの危機を探りあてた。むずかしいことばだが、そうとしか表現できないような事態だと吉本は思った。

まず〈他なるもの〉へ向かう志向とは、周囲からくる情報に聞き耳をたて、つねに左右されている生き方である。私は外側からの刺激に左右され、まったく休むことができない。それを吉本は「自己喪失」とも言いかえた。

私たちは、自殺という選択を避けて生き続けねばならない。すると自己喪失を代償にして対象に没入し、次のような場合に陥る。


心的な自己喪失を代償として対象へ移入しきる能力をさすことがよくわかる。この〈他なるもの〉への志向には、どういう意味でも正常な共同幻想の位相は存在しない。……なぜなら心的な自己は消失して対象へ偏在しているため、どういう意味でも志向の内部で統御する自己意識をたもっていないからである。〔吉本前掲書一七〇〕

私たちはみずからの内部に、評価軸を失っている。ものごとを自分で判断し、取捨選択する基準を失っている。それが「自己は消失して対象へ偏在している」ということばの意味である。

私たちは、その場その場の関心にうつろいやすく、安定した意見をもつことができない。

「ほかの人びとの思惑が、現存在のさまざまな日常的存在様式を操っている」［ハイデガー一九九四―上二七六］。他人の欲望を次々に受けいれることで、生を営んでいるわけだ。芥川を追いかけていた吉本は、ハイデガー哲学のすぐ隣にまで接近している。さらにハイデガーだけではない、たとえば芥川を批判することから出発した小林秀雄が悩んだのも、同じ問題であった。

『「敗北」の文学』で宮本顕治が雑誌『改造』の第一席をとったとき、『様々なる意匠』で第二席だったのは小林秀雄である。その小林はすでに大正時代から評論活動を行っていて、芥川自殺の直後には『芥川龍之介の美神と宿命』を書いていた。小林もまた、芥川問題にとりつかれた人間の一人であった。

小林の最初期の評論には、ここで吉本が指摘する〈他なるもの〉へ向かう志向とまったく同じ苦悩があった。小林にとって、自分という存在は、外側からくる価値観に襲われ崩壊しかける苦悩と同じことである。たとえば小林は「過ぎて行く荷車や、犬や、通行人や色々のものが次々に眼に飛込んで来た。疲れた頭が見まいとすればする程、眼玉は逆った。荷車の輪と一緒にグルリグルリ廻っている藁の切れ、車を引いた男の顔から鉢巻の恰好まで見てしまう。電柱が通ると落書や広告を読む。私は苛々して非常な努力で四角なセルロイドから目を離した」という悩みにとりつかれていたのである［小林一九六二C―一四］。犬や広告、はては藁のきれはしまでが、小林秀雄に襲いかかり人格を壊しかけている。眼のなかに外側からの情報が、何の統一性も脈絡もなく流入して来るのだ。小林は拡散してしまいそうになっていて、対象に翻弄されるがままになっている。

自己が拡散してしまい〈他なるもの〉にとりつかれる人間。これは自己が溶け出し、その空洞めがけて「対象」が殺到してくると言いかえてもよいだろう。吉本の引用にある「偏在」ということばが、それを示している。おびただしい数の他人がそれぞれにもつ価値観・世界観が、私のなかに殺到し、私は砕け散り、拡散する。

一方で、〈自同的なるもの〉への志向とは次のようなものだ。

彼らは芥川や小林とはまったく逆の特徴をもっている。それは間違いなく、宗教者のそれなのだと吉本は思った。

> この幻覚の志向性は、いうまでもなく宗教者のものである。なぜなら対象世界がぜんぶ幻覚のなかで消失しても、じぶんのじぶんにたいする意識は強固に持続されているからである。［吉本前掲書―七一］

宗教者は、礼拝のたびに神がかり、自分でも知らなかったような意識が目覚める不思議な感覚におそわれる。そして「残るものは純粋な絶対的な抽象的自我のみである」［ジェイムズの言。吉本前掲書一七一］。その自我は躍動し、生き生きとしている。自分は拡散するどころではない、さらに「強固」になるのだ。彼らは、拡散し空洞化した人間たちへ殺到・寄生する側のほうの人間である。自説を滔々と述べたて、自分の世界を広げてゆく。

　こうして個人幻想と共同幻想の関係を追いかけるなかで、吉本は三つの人間像をつかみ取っている自分に気がつく。

　自殺か、拡散か、自己拡張か。自己が拡散・偏在してしまい、対象＝おびただしい価値観に犯されるか、さもなければ、みずからを拡大し神の位置に立ち、他者を犯し続けるか——。『共同幻想論』前半部を書き終えて、吉本はこのような異様な人間像に出会っているのだ。

3　独裁者はどうやって登場してくるのか

†「空洞化」する個人

武器は揃った。

今や吉本が、次のように独裁＝全体主義の登場を理解していたことが分かる。全体主義に個人が絡めとられてしまうカラクリを見破ったことが分かる。たとえば身近な社会、人間関係を取りあげてみよう。

私たちが日々の生活のなかで、非常に複雑な人間関係を営んでいることに、吉本は気づいている。私の傍らにいるのは、私の論理・世界観を一切共有しない得体のしれない他人の群れである。だから人と人との接触は、ある力学（空気・気分）を含んではじめて成り立つ。人間関係ということばには、かならずオーラや力学がつきまとっている。

ときに人は、自分がどう考えても正しいと思うことが他人にまったく通じていないことに驚く。にもかかわらず自分の正しさを人に強制してしまうことがある。また一方逆に、人は他人の意見に翻弄され、依存することさえある。本当の自分の考えは何なのか、そもそも何も考えていないで、他人に合わせているだけなのでは、と思い悩んだりもする。

こうしたさまざまな名づけようもない不断の力学のなかで、かろうじて他人とのあいだに架橋をほどこし、私たちはおぼつかない歩みを進めている。私たちは、他人とのあいだの気分によって、「私」という現象をいつも確認している。

その最たるものが、まずは自己喪失であった。〈他なるもの〉への志向とも呼ばれる状態であり、みずからが何を欲しているかを、他人にゆだね翻弄されている。だが人はふつう、感情という不定形な生き物に選択の最終根拠を置き続けることはできない。

なぜなら、そのときの気分で目盛りの変わる「モノサシ」で、人は眼の前のものごとを比較し取捨することはできないからである。選択とは、他の可能性を切り捨て前へと進むための力であり、また同時に一定の時間的な連続を必要とする。第一の選択と、次の選択がその時々で違えば、一定の基準を生み出せないからだ。決断を促す根拠がコロコロ変わるようでは、ものごとを比較する基準たりえない。

私たちは精神における〈底〉をもたなければ、つまりは基底をもたなければ、一時も生きてはいけない。一定しない感情の起伏には耐えられない。

その危機を忘れるために、自己喪失は、確固とした基準を他者に依存する傾向がある。

橋川文三がつかんでしまった不定型な世界と自分の解体、溶け出し、血と体液でできあがり蠢く「モノ」のような存在が感じる恐れは、到底自分ひとりでは解決できない。自分は溶解してしまい、何者でもないのに、どうして最終根拠をそこに置くことができるだろうか。「空洞」とはそういう意味なのであって、存在論的危機なのだ。

今、見てきた吉本隆明の芥川論には、橋川文三に通じる部分があった。芥川龍之介のようにならないとしよう。すると、出来合いの倫理や価値といったもので、自分のうちにある空洞を埋めようとする人間＝〈他なるもの〉への志向にとりつかれてしまうわけだ。

この場合、他人は「絶対」として襲ってくる。これが〈他なるもの〉への志向の特色なのである。

†対幻想のゆくえ

一方で、このような自己喪失をする人間にとりつく場合を〈自同的なるもの〉と名づけよう。

この取りつく、とりつかれるという二つの事例を、吉本は巫女とシャーマンを具体例に見てみる。それは個人幻想と共同幻想ではなく、残る「対幻想」について考えることと同じだ。

たとえば巫女は、村の共同幻想を性的対象とし、交わり、家族＝対幻想をつくりだす［吉本前掲書—一一二］。だが一方、シャーマンの場合、ことはそう単純ではない。シャーマンの修行は過酷をきわめるもので、異常な苦痛をともなう。

性的な比喩で言えば、巫女は自分のなかに入りこんでくる価値観を受けいれる＝性的に交わり、恍惚を味わう。その交わりは快楽であり、多産の象徴でもある。だがシャーマンは異なるのであって、シャーマンは、本来「逆立」＝ねじれている個人幻想と共同幻想をむりやり架橋する。だから激しく苦痛をともなう修行をしなければならない。自己のなかに入りこむ価値観は、苦痛と嫌悪の対象なのである、「部落に住んでいる個体の自己幻想と、部落共同体の共同幻想のあいだには深淵が口をひらいており、この深淵をとびこすには心的な逆立が必要になる」〔吉本前掲書一一六〕。

これは同じ性行為が、快楽にも、また強姦に象徴される犯罪と恥辱にもなることを示している。

そして二つの性的な比喩は、先の空洞化する心の問題に重なるのだ。

私たちは今、〈他なるもの〉への志向＝心の空白に、おびただしい価値が殺到する場面を生きている。性的な比喩で言えば、快楽に溺れるか、あるいは強姦されている。〈自同的なるもの〉が入りこんでくる。現代社会では友人から新興宗教の教祖、パワースポットから占い師、はては高額商品や健康食品を売りつける輩までが、私たちの心のなかに殺到してきているのだ。そしてこれがまさしく、全体主義と神にまで祭り上げられた独裁者の登場してくるロジックなのである。

†独裁者の登場

よって六八年の吉本の全体主義論は、現代社会論と言ってもよいものである。

たとえば、華やいだ雰囲気の飽食の国日本で、健康に異常なまでの関心が起こり、不安を背景に商品が売られてゆく場面を想像してみよう。

身体から異常＝死の匂いを排除し、健康＝純粋な肉体を求めて、安心の最終根拠を人々は買い求める。だが健康を保つために必要だったはずの食品が、今度はこの食品がなければ駄目だという不安を煽り、依存をもたらしてしまう。

これはモノが神になった状態と言いかえることもできよう。あたかも健康食品は、独裁者のように振る舞う。

私たちのなかに、バラバラの独裁者＝幻想が殺到してくる。それが快楽であるとき、恍惚と安心を与える。だがもし苦痛であれば、同じ行為は人格を破壊することを結果するわけだ。

私たちの心は、この巫女とシャーマンのあいだをゆれ動きながら、過激過ぎる快楽と、過剰な人格破壊を行っている。要するに、「過剰な社会」を生きている――これが吉本を読むことによって見えてくる、私たちの生きているありさまなのである。私たち一人ひとりは心に空洞を抱え、不安なままに生きている。その私たちが求めるのは、みずからこそが真理である、と自称する独裁者との過剰なまでの結合なのではないか。そしてここに、全体主義が生まれてくる理由が、ありありと見て取れるではないか。

こういった事態を正確にとらえることができた思想家は、洋の東西を見渡しても吉本隆明を含め数えるほどしかいない。現実の私たちの心の内部まで降りていって解明し、独裁＝全体主義を指摘した思想家はまれなのである。

その「まれな思想家」として、筆者は第二章のアーレントのほかに、フロイトやニーチェなどを思い浮かべる。ここではニーチェにだけ触れておこう。吉本の問題意識を、ニーチェが共有しているからだ。

ニーチェ哲学の胆《きも》は「系譜学」と呼ばれるものである。私たちが普段、当たり前だと思っている制度やルールといったものを徹底的に疑うために、その起源に遡る。そして当たり前だと思っている制度の出発点を破壊してしまう。これが系譜学ということばの意味である。吉本の方法もまた、これに近いものであった。『遠野物語』『古事記』といった古典を使って、日本人の心の最深部にまで遡り、全体主義の起源をあばく。この吉本の態度は、ニーチェにきわめて近いものだ。

膨大な断片として残された遺稿を、実妹フェルスター・ニーチェが中心となって整理し、ニーチェ死後の一九〇一年に刊行した作品、それが『権力への意志』である。

そこでニーチェは言う、二〇世紀はキリスト教的価値の崩壊が原因となって、個々の価値が互いに衝突をくりかえす社会となる。そこでは基本的には無気力な、あるいは脱力した人間たちがはびこることになるし、一方で逆に過剰に活気に溢れている人間、あるいは癒しや陶酔によって現実直視から逃げる者も出てくる。こういった人々の心の隙間を見すかすように、宗教や道徳、政治や美などが、ことば巧みに登場してくる社会——これが二〇世紀以降の時代情勢なのである［ニーチェ一九九三—上三八］。

> 憔悴した者がこのうえなく能動的な精力的な身振りでたちあらわれたとき……この者は富める者と取りちがえられた……狂信家、憑《つ》かれた人、宗教的癲癇病者、すべての常軌を逸した者たちが、権力の最高類型として感取されている、すなわち神的として［ニーチェ前掲書—上六一、傍点原著］。

活気づけ、癒し、鎮め……結局はこのことばに置きかえ可能な人生教訓本が、本屋にはゴロゴロ転がっている。婆さん、坊さん、サッカー選手、経営者にいたるまで、奇妙に説教臭い世の中になっている。疲れはて憔悴しきった人間はそれを買い求め、今度は憑かれた人に豹変し、「私は変わった」「生き生きした生活を取り戻した」と自分を麻痺させる。疲れているときほど、ハイテンションになるようなものだ。

おびただしい数の独裁者＝真理の僭称者こそ、時代の特徴を何よりも雄弁に物語っている。日々入れ換わる教祖・教説を「富める者」と勘違いし、翻弄され騙されながら、それでも依存関係をやめることができない。そんな人々が溢れかえっている。

そしてもし、ただ一人の狂信家がすべての憔悴しきった人間たちの心へと入りこんだら――性交したら――どうなるだろう。それは間違いなく、ポピュリズムを生み出し、独裁と全体主義が出現することになるのだ。それはもしかしたら、巫女がそうである以上に恍惚とした快楽なのかもしれない。だがそれは恐ろしいまでに過剰な刺激である。このような危機に、ニーチェ＝吉本隆明の議論は届いている。芥川龍之介と柳田国男を相手に、吉本は、全体主義のカラクリにたどりついてしまった。

第四章

「家」を見守るということ

――柳田国男『先祖の話』

1　ハイデガーの「死」に、吉本隆明は疑問をもった

†震災と死

この国には、東日本大震災以降、二つのことばが氾濫した。「不安」であり、もう一つが「国家」である。以前から口にはしてきたが、震災以降、心のうちで、あるいははっきりと声に出して、私たちは二つのキーワードを口にするようになった。

たとえば、この時期以降、私たちはやたらと「基準値」が気になりだした。基準値を上まわったと聞き、子供のためにペットボトルの水をもらいに走る姿は、やはりどう見てもただ事ではない。しかも基準値を決める国さえ、信じられないという気分になった。どこからが安心なのか、基準は誰にも分からず不安ばかりが先行し、「国家よ、この事態をなんとかせよ！」という発言が、震災このかた周囲には溢れている。

これは今まで使っていたモノサシの、目盛り自体に疑問を感じ始めたようなものである。

では何を基準に判断をすればいいのだろうか。もちろん誰にも分かりっこないのだ。こうして不安と国家不信が、心のなかを占めてゆく。

私たち人間もまた、地球上に生息する動物に過ぎない。たとえば小魚たちが、大きな口を開けて迫りくる巨大魚を前に、身を寄せあい、急激に反転して逃げる映像を見たことがあるだろう。震災後の日本は、国内外の危機を前にして不安を忘れようと身を寄せあい収縮し、しきりに反転逃走する小魚の群れのように見える。身を寄せあえば一瞬、安心だという錯覚に陥る。だがその集団全体が死に向かって泳いでいたらどうだろう。大きな口に向かって吸いこまれていくとしたらどうか。そう思うと身震いが襲ってくる。

命を守るための行動が、実は危うい集団行動——たとえば、独裁や全体主義、そして狂信——をつくってしまう。人々が「大衆」という巨大な塊となり、一人の主宰者を熱狂的に支持するありさま、独裁と全体主義そして狂信は、この小魚と巨大魚の比喩と同じだと筆者は思う。

ところで、東日本大震災によるパニック、不安と国家を口にするようになった背景には、「死」と「死者」の問題があるのではないだろうか。

「敗戦は大きく価値観を変えた。生きることこそ最大の価値となった。生の哲学が死の哲学に取って代わった」——ある宗教学者はこう述べている［末木二〇一二—八九］。一九四五年以降のこの常識をたたき壊したのが、今回の震災であった。震災以前の日本では、死の匂いは忌み嫌われ、社会はすみずみまで消毒されていた。無菌室のような社会で、私たちは死についてなど考えたこともなく、真剣なおしゃべりもしなかった。経済的な豊かさにうつつを抜かし、健康食品に手を出し、体から異物を排除しようとばかりしてきたのである。

しかし二〇一一年三月一一日以来、見たことがないくらいの死者が、一挙に周囲に溢れた。火葬しきれない遺体を、とりあえずビニールシートで覆う。火葬場が間にあわず仕方なく土葬するなど、いったい誰が予想できただろうか。死者は、そして霊魂はどこにいくのか。死それ自体が、自分にとって身近なものであることを突きつけられた。それが震災の「経験」だったはずである。

死は、宗教とは何かという問いへ私たちを導く。ナショナリズムと宗教との関係を、死と死者を手がかりに考えてみよう。第二章のアーレントと第三章の吉本は、全体主義と疑似宗教、そして独裁者について考えていた。アーレントによれば、帝国主義→全体主義は運動と膨張、すなわち移動と不安定を特徴とし、全体主義を生み出す。その全体主義は、人種差別として具体化し、「疑似宗教」と呼ばれたのだった。また吉本は、個人幻想が独裁者を生み出すことを知ってしまったのだった。全体主義も独裁者も、ともにナショナリズムとは無縁の集団である。第一の誤解はこうして解けた。

では、ナショナリズムと宗教との関係はどうだろうか。宗教を死と死者にまつわる話に限定しよう。そのうえで、ナショナリズムと死の関係を考えてみる。

†第二の誤解

ところで『共同幻想論』を書いているとき、まず吉本隆明の念頭にはナショナリズムがあった――「国家は共同の幻想である」。だが、芥川龍之介を追いかけるなかで、みずからが戦っていた共同幻想は、全体主義なのだと吉本は気づいたはずである。独裁者が浮上してくるような共同幻想を、個人幻想は生み出すかもしれない。芥川の個人幻想は、その具体例であった。芥川のような自殺を避けるとすれば、危険な集団を生み出す可能性もある、その危険性は高い、吉本はそう確信せざるを得なかった。

この本の冒頭で言ったように、現在、私たちの心をざわめかせ、いらだちと興奮の原因をつくっているのは「三つの誤解」である。

ナショナリズム＝全体主義が第一の誤解である。

ナショナリズム＝宗教、ナショナリズム＝民主主義だというのが、それぞれ第二、第三の誤解にあたる。

ナショナリズムは、死とどう関わるのか。死後はどうなっていて、霊魂はどうなってしまうのか。他界とはどのようなもので、それは国家とどのような関係にあるのだろうか。

ここに「第二の誤解」の問題が登場してくる。あらためて、第二の誤解の復習をしよう。第一章でも言ったように、たとえばフロイトの論文『快楽原則の彼岸』を参照すればよい。芥川龍之介もそうであったところの神経症の人間は、おかしな行動をとる。自分自身にとって不快な行為、自虐的なことをしてしまうのだ。このような行為をなぜしてしまうのか。「快楽原則」からすれば、異様と思えるこういった患者には、何が起こっているのか。

それは死の欲動に注目することで見えてくる。

内部からの攻撃性、これが死の欲動である。このきわめて個人的な自己否定の欲求から逃れ、つかの間の安心を与えてくれるもの、それがナショナリズムなのである。ナショナリズムは、個人の問題解決策だという主張が第二の誤解を支えている。個人の死の欲動を安心させてくれるもの、宗教もかつてはそうだったし、今やナショナリズムが取って代わったというわけだ。ナショナリズム＝宗教とは、そういう意味である。

吉本隆明もまた、この問題にぶつかった。ナショナリズムについて考えてみる。するとまず「他界」について考えることになり、他界こそ宗教問題の出発点であると吉本は思った。さらに私たちにとって他界とは何か、それを考えていると死という問題に触れざるを得ないのだ——このように吉本は考えを突きつめてゆく。『共同幻想論』でナショナリズムについて書き進めるうちに、他界と死を避けることができなくなっていた。

†ハイデガーと死

他界について考えなくてはいけない、そのためにはまず、死から始めたい。

吉本はそう思いながら、『共同幻想論』を書き続ける。死について考えた思想家として、ハイデガーを出発点にしてみよう。ハイデガーは、第二章のアーレントと師弟関係にあった哲学者である。ときには恋愛関係にあったとも言われる二人の人生は、静かな思索者にしては劇的であった。アーレントがユダヤ人としてドイツを追われ、亡命先にアメリカを選んだのに対し、ハイデガーはナチス・ドイツへの加担をつねに研究者から指摘される人物となる。フライブルク大学の総長になるにあたって就任演説を行ったこと、その内容が後世、研究者のあいだでナチス賛美ともとられかねないものであったこと、こういう問題をハイデガーは残した。

そのハイデガーが生まれたのは一八八九年九月のことである。両親ともにカトリックでその縁もあり、彼はまず、フライブルク大学神学部に入学した。その後、家族の反対を押し切って、ハイデガーは哲学部へ転部する。新カント派の巨人リッケルト（一八六三〜一九三六）が仕切っていた大学に、後任人事としてフッサール（一八五九〜一九三八）が来たことで彼の人生は決定された。フッサールの哲学＝現象学が、あらたな時代潮流として登場してきたからである。

また時代状況も、知識人を刺激するには充分過ぎるほど、きびしさを増していた。第一次大戦に敗れたドイツは、ベルサイユ体制によって賠償金に苦しみ、またこれまでの資本主義と植民地獲得主義の限界があからさまになっていた。アーレントも指摘していたことなのだが、当時の時代情勢は「展望」を見失っていて、止まれば終わりのモーターのように、「拡散」の帝国主義を続けていた、否、続けていくしかなかった〔以上、木田元一九九三〕。世界は混沌をきわめていたのである。

時代をどう理解したらいいのか、「世界像の再構築」が緊急の課題だった。アーレントが全体主義を追いかけたのも、思えば全体主義＝人種主義という方法で、世界を理解しようとしていたからなのである。もっと分かりやすく言うと、世界像の再構築とは、医者が時代に必要な薬を処方しているようなものである。時代への最悪の処方箋、それが人種主義だったのである。

人はどうして、なぜ、このような劇薬に手を染めてしまうのか——これがアーレントの課題だったはずである。ではハイデガーはどうだろうか。それをハイデガーは、一見すると時代情勢からは超然とした哲学的思索で考えぬくことになる。

それが一九二七年に発表された『存在と時間』である。

『存在と時間』のなかで、ハイデガーは死について次のように考えている。

哲学の根本問題は、「存在」について考えることである。ただしそれを考えることができるのは人間だけである。なぜなら漠然とした気分で存在について分かっているのは人間だけだからだ。だから人間のことを「現存在」と特別に名づけて注意を喚起しておこう。

その現存在は、哲学的にいくつかの特徴をもっている。まず日頃使いなれた台所やハンマーなどのようなものに、人間は取巻かれて生きている。台所やハンマーはまるで身体の一部のようになじんでいる。そういった世界に住んでいること、これが現存在の第一の特徴である。それを「世界内存在」と呼ぼう。

周囲になじんでいる現存在は、だからといって共同性に安住してはいない。それがいちばん明瞭になるのが、死について考えた場合である。確かに死者は、遺族から突然奪いとられてしまうかもしれない。だがふつう私たちは遺族として、葬式などの儀式をとり行い、「故人と共同存在」していると思いこんでいる［ハイデガー一九九四—下三七、傍点原著］。

だがそれでは、死を本当に理解したことにはならない、「われわれは、ほかの人びとの死ぬことを真正な意味で経験することはできない」［同前］。結局、現存在の死は個人的な死であり、他人に代わってもらうことはできないのだ。

さらに死には、もう一つの特徴がある。死は、ある完成や目的に向かって進んでいくようなものではないという特徴である。現存在は、生きているあいだは「いつもすでにおのれの未然を存在する」〔前掲書―下四七、傍点原著〕。死ぬということは、未完成なまま、今、手にしている可能性を突然取りあげられ、崩壊するように終わるしかないということである。私たちの生、つまり生きることが「未然」だとはそういう意味のはずである――ハイデガーは以上のように考えたのであろう。

死は、いつも現存在の傍らにあって生きていることの隣に死はいつもひかえている。死のかおりが現存在の周囲にたちこめている。

だがここで、一つだけ現存在にとって注目すべき死があるとハイデガーは思った。それを「臨死」と名づけ、次のように定義することにしよう。

死に臨む存在は、本質的に、不安である。〔前掲書―下九一〕

死は現存在に、不安を教えてくれる。不安は悪いことばかりではない。マスコミのおしゃべりや日々の生活に心奪われている人間は、不安によって「良心」を取り戻す。それが

「臨死」ということばの意味である。世間のもろもろの幻想、くだらないつきあいから解かれ、情熱的な、事実的な、おのれ自身を確承している。にもかかわらず不安にさらされ《死へ臨む自由》をもつ自分。これこそ、注目すべき現存在の特徴なのである。そして良心は死について考えることから導かれてくる倫理のことである。だから良心は不気味さにもつながる心境のはずだし、人間が「負い目」をもつこともこの不安から説明できる、このようにハイデガーは考えた。

こうして、死について考え続けた結果、人間が「本質的に、不安である」という結論にハイデガーはたどりついた。現存在は、そもそも、自分がどうして生まれて来たのか分からない。だから生きていることにはそもそも意味はないし、最初から世界になんの意味づけもなく放り出されたのが私たちなのである。だから人間は、根本的に孤独だし、不気味だし、不安だし、負い目をもち、世界の「無」に直面してしまっている。「不安は、無と無処とをあらわに」してしまうし、「不気味さという言葉は、それと同時に、落ち着いた家郷をもたぬ居心地のわるさをも意味している」〔以上、前掲書―上三九七〕。

要するに現存在は、何を可能性として選択したとしても、そもそもの始まりが無根拠なのだ。だから始めから負い目を背負いこんでいるし、不安でそわそわしている。死はこの現存在＝人間の冷酷な事実を、私たちに明らかにしてしまうとハイデガーは言っているのである。

†吉本隆明の反論

だが本当にハイデガーの死の説明は魅力的なものなのだろうか、吉本はそう思った。とくに良心などという倫理問題を、個人の死から取り出すことには、到底興味をもてなかった。死ほど共同幻想にまみれたものはない。孤独どころではない、「じぶんの〈死〉についての怖れや不安でさえも、じぶんのじぶんにたいする関係の幻想としてあらわれる」と思うからだ［吉本前掲書一二二］。死は個人的には体験できないものであって、集団がつくりあげたものであり、想像に過ぎない。共同幻想ということばを、以下では全体主義という意味に加えて、村の共同体がもつ「死の物語」だと考えることにしよう。死を、昔話から考え始めたいからである。

まずは一例をあげよう。

柳田国男の『遠野物語』には、ある事故死が描かれている。シイタケ狩りにいった人が、山中で赤ら顔の男女にであった。男女は手を広げて進むことを止めようとしたが構わずに刃物を振りかざすと、男に蹴られて気を失ってしまった。帰ったのち、何かを悟った狩人は、私は死ぬかもしれない、他言するなといってこの世を去った。不思議に思った家族が山伏に相談すると、それは神の祟りであると言われた。

もちろん実際は、山で足を滑らせたのが致命傷で死んだに違いない。だが人は、事故の傷が致命傷で命を落とすとはかぎらない。私たちはふつう、事故や病という生理現象によって死にいたると思っているが、そうとはかぎらないのである。

ここに描かれているのは、逆の事態である。

シイタケ狩りの狩人は、ある原因＝みずからが所属する共同体がつくりあげた物語の「せい」で、死ぬと思っているのだ。共同幻想がつくった話が原因で、死んでいったのである。

『遠野物語』を読んで、この事実に気づいたとき、死をハイデガーなどとはまったく違うイメージで定義できると吉本は思った。人は、かすり傷だけでも死ぬことができる。「人間の自己幻想（または対幻想）が極限のかたちで共同幻想に〈侵蝕〉された状態を〈死〉と呼ぶというふうに」言うことができるはずだ［吉本前掲書―一二二］。死は個人的なものではない、むしろ共同幻想に心奪われることで、かすり傷を共同幻想に結びつけ人は死にいたる、吉本はそう思った。確かにハイデガーには限界がある、死の理解の仕方で決定的なあやまりを犯している。死は個人のものではなく、共同体によって侵食されているからだ。ハイデガーを批判する手がかりをここで吉本はつかんでいるのである。

†他界はどこにあるのか

さらに、死を考えるなら、もう一つ大きな問題が残されている。それは「他界」という問題である。死者はどこへゆくのか、霊魂はどこへいってしまうのだろうか。こう考えを進めてゆくと、おのずと他界という問題が出てこざるをえない。そして他界は、死を個人の問題として考えている限り、解くことは不可能なのである。他界について考えたいのなら、個人幻想／共同幻想ではなく対幻想＝家族について考える必要がある、吉本はそう思った。

家族と他界の関わりを、再び『遠野物語』の中に探ろう。そう思って見てみると、たとえば次のような例が重要であると思われた。

曾祖母が亡くなり、通夜をしていた晩のことである。一族はみな寝静まり、ただ祖母と母だけが囲炉裏のそばで起きていた。そのときふと、裏口から足音がして死んだはずの老いた女が、囲炉裏のわきを通り過ぎたように思えた。不思議なことに、囲炉裏わきの炭取が老女の着物のすそに触れたかのようにクルクルとまわった。座敷のほうで、もう寝ていたはずの狂女が、おばあさんが来たと叫んだ――。

『遠野物語』を読み進めていて、この話を目にしたとき、ここに対幻想と他界の関係がはっきりと描かれていると吉本は思った。

もちろん、死者が家族の前にあらわれたのは、家族と死者のあいだに生前、何らかの確執があったからである。祖母と母、そして狂女が曾祖母を気にしているからこそ、恐れているからこそ、曾祖母は「裏口」から現れたのである。曾祖母は他界の住人であること、その他界からやってきたことに家族は驚いているのだ。

そうだ、他界は個人の死について考えている限り登場しない。あくまでも対幻想＝家族の利害関係、そこから外れていく者たちが行くべき場所が他界なのである。そこは空間的な広がりをもち、村の各家の外れ者――六〇歳を過ぎた老人――を収容する場所である。だから村はずれ、村の利害関係のいちばん外側につくられる世界なのである。

六〇歳を過ぎると、老人は家から離れ、そして他界に行かねばならない。まだ死んでいないので、村はずれに他界がつくられ、現実社会とのあいだを行き来した。境界線のことを「ダンノハナ」といい、彼岸の世界への通路、あの世に向かうための場所を、遠野の人々は「デンデラ野」と呼びならわし現世から区別した。この村人すべてが共有している物語が、曾祖母を失った家族が見た夢を支えていたのだ。

ハイデガーの死とは違う世界が、他界には広がっている。他界には、個人の肉体の死をこえた時間が続いている。しかも他界は村はずれにあって、土地に結びついている。「農耕民を主とする村落共同体の共同幻想にとって、〈他界〉の観念は、空間的にと時間的にと二重化されるほかなかった……かれらにとって〈永生〉の観念は、あくまでも土地への執着をはなれては存在しえなかった」のだ〔吉本前掲書―一三三〕。死にゆく者、そして死者たちの住む世界、それは時間と空間の永遠性につながっていてしかも土地と深い結びつきをもっているのである。

ハイデガーの死にこだわると、生と死は、個人の肉体が朽ちるという「時間性の変化」でしか理解できない。個人の死からは、ほかの死者との関わりが感じられないのだ。農耕社会に見られる死の理解、そこから出てきた広がりをもった他界イメージは、ハイデガーとするどく対立する。土地に根づき、そこでの生活を維持するために死者たちの視線＝他界はできた。死者たちが蠢く他界が、生者たちの周囲に息づいている、とりかこんでいる、吉本はそう理解していたのである（もちろんハイデガー自身はこの後、むしろ土地を重視した哲学者としてレヴィナスと対峙することになる。藤岡俊博二〇〇七を参照。また、共同幻想＝国家を否定したかった吉本は、この他界についても最終的には否定の立場をとる。吉本前掲書一三五頁参照。だが、その論調は唐突で、しかも死と死者をどう処理するかの問題を放棄していると批判されかねないものである）。

2　網野善彦と柳田国男は対立する

†網野善彦とは、何者か

農耕社会に特別な時間と空間に対する意識、これが他界を生み出す。変化よりも永生を、そして対幻想＝家族の維持のために他界は人々の心に生まれてくる。

だがこれとは違う生活をしている人々がいた。狩猟生活をする〈サンカ〉である。彼らの特徴は、獲物を求めて「移動」することであり、死は肉体の崩壊としてしか考えられない。彼らにとっても死は、ハイデガーのように個人の「時間性の変化」に過ぎない。

だとすれば、結局、死と他界をめぐる問題は、狩猟生活をする集団と、農耕生活をする集団の「死生観」の違いだと言えるはずである。二つの集団では、生活スタイル、つまり生き方が異なるのだ。その差が、死と他界にもまた影響を与えているはずである。

農耕社会は、土地との結びつきをもち、家族をつくっている。生活スタイルは移動とは無縁なのであって、死と他界についての理解も、この生のあり方から影響をうける。

ところが一方、サンカの生活スタイルは逆である。移動が特徴であり、その死は、きわめて個人的なものなのだ。この、定住／移動の違いは何を意味するのだろうか。ナショナリズムと宗教を考える際に、どのような示唆があるのだろうか。

たとえば定住と移動、そして宗教について考えるためには、ここで網野善彦（一九二八〜二〇〇四）を参照してみるのがよい。農民とそれ以外——たとえば漁民や商人、狩猟民——の生活の違いを考えた歴史家、それが網野善彦であった。吉本隆明が『共同幻想論』を書いていたころ、網野もまた、みずからの思想を固めつつあった。網野は、日本中世史の学者であって、その独自の歴史研究は、しばしば「網野史観」などとも呼ばれている。

一九六八年、吉本がその地位を不動のものとするにいたった『共同幻想論』を書いた年、網野は歴史学者として登場する（網野が一九六八年以降を象徴する思想家であることは、拙稿二〇〇九で詳しく論じている）。戦後、歴史学の世界を支配した研究スタイルは、「講座派」と呼ばれるグループをつくっていた。敗戦後、マルクス主義復活の雰囲気のなかで、歴史学の基準となったのが講座派の歴史観であった。農業の半封建的地主制（半農奴制的寄生地主制）と、資本主義の発達している日本の状況は矛盾したおかしな事態である。この矛盾こそ日本社会の特徴なのであって、正しい方向へと変えられなくてはならない、これが講座派の主張であった。

その評価は、たとえば明治維新をどう見るかに明らかである。講座派は、明治維新をまだ「絶対主義の段階」だと言った。理想の社会＝共産主義が実現するためには、絶対主義↓ブルジョア革命↓プロレタリア独裁の三段階が必要で、明治維新はまだまだ第一段階に過ぎないのだということになる。三段階のうち、明治維新＝第二段階だと主張した労農派とのあいだに、講座派は激しい論争をくり広げたこともある。

だがそれらはいずれにせよ限界があるし間違っている、網野はそう思った。彼らはどちらのグループであれ、あまりにも資本主義を「土地」をめぐる問題で考え過ぎている。土地の所有者を、権力者から取りあげればそれで済むと思っている。だが資本主義社会は、そんな社会だろうか。資本主義は、もしかすれば土地とは一切関係なく、移動と流動性、そして拡張を特徴とするのではないか。

この網野の問題意識は、ほとんど第二章のアーレントと同じである。アーレントが警戒感とともに導きだした資本主義の特徴、拡散、移動、膨張が網野には違ったシステムとして見えている。土地にしばられた従来の歴史学を捨てねばならない、新しい歴史学をつくろうと野心に燃えている網野は、そう思った。

†網野史観の特色

今、網野の考えの核心をまとめると、次のようになる。

まず第一に、網野は、資本主義が近代社会の特徴だと考えるのはおかしい、そう考えた。資本主義の特徴を突きつめて考えてみる。するとその特徴は移動＝交易であり、それはアーレントやゲルナーの意に反して、かなり時代を遡ることができるはずであった。また第二として、資本主義を宗教との関係でよく見てみると、資本主義には二段階ある、網野はそう思った。

たとえば、資本主義の第一段階を注意して見てみよう。とくに中世に眼を凝らさねばならない。鎌倉時代の市では、交易が頻繁に行われていたが、その主役である商人は、巫女や山伏、さらには山賊や海賊と同じ性格をもっていた。彼らは、俗世間と神々の神聖な空間との境目に生き、特別な力をもって俗世間と神聖な場所のあいだを行き来する存在であった。土地を離れ自由に往来するのが、彼らの特徴であった。

また、市が行われる場所には神聖な空気が充ちていて、その場所に一歩入ると、人間も交換される商品も、すべては俗世間のしがらみから離れ、神のもとに平等になる。そしてしがらみなしの対等なモノとして交易される。そういった場所を、「無縁」「公界《くがい》」「楽」

などと呼ぼう。すると、資本主義が「近代」の産物だと言えなくなるのではないか。なぜなら中世では、「無縁・公界・楽の場での平等・対等な交易が保たれ……金融活動も社会的に保証」されていたからであり、自治都市や無縁所などがその代表例だったからである〔以上、網野一九九六―一一六〕。しかもその場所と担い手には、妖しげな力、宗教的な力が宿っていたのだ。

資本主義の特徴とは、何か――それは土地から離れるということに尽きる。誰にも所有されていない土地、無所有の場所、つまり無縁・公界・楽こそが、資本主義の特徴をもともよくあらわしている。無縁・公界・楽で行われる対等な交易、宗教的な力を帯びた人々こそ商人の起源であり、資本主義発生の母体なのである。

だとすれば、資本主義は、近代をはるかに超えた時点に、その発生の源をもっていることになるだろう〔中沢二〇〇四―一〇二以下、赤坂二〇〇八―六八など〕。河原の市場などの交易空間ならば、原始古代にまで遡れるからだ。村人によって定められたルール・秩序の外側に、こういった場所があり、またそこには、異様な力をもった人々が集っていた。「自由」にモノ・ヒト・金が移動し、交易される、これこそが資本主義の始まりではないか、網野はそう思った。神々の前で神聖な行為として始まったもの、それが第一段階の資本主義ということになる。

だがこの第一段階の資本主義は、鎌倉時代末期から南北朝時代で終わりを告げてしまう。「銭」つまり貨幣が登場することで、資本主義は第二段階を迎える。これまで特別な力、神聖な力をもっているとされた人々から宗教的な権威がだんだんと失われ、市からも神聖な空間というイメージが消え始める。分かりやすく言えば、商業、金融が神仏の支配下を離れてしまうわけだ。

かつて、私が、「無縁」と表現したことについて、中沢新一さんが、これは「資本主義」ではないかといったことがありますが、そう言われれば、商業、金融、技術、そして貨幣も「無縁」ということになるので、確かにこれはやがて資本主義として展開していく諸活動、諸要素であります。〔網野二〇一二—四四〕

こうして、貨幣が支配する第二段階の資本主義では、移動と交易がどこまでも広がってゆく。この時代を「重商主義」が支配した時代だと考えよう。対して、江戸時代以降を「農本主義」社会と名づけよう。農本主義の時代は、自由な交易の担い手が、徹底的に弾圧され、差別された時代である。それは負の時代と言ってよい。

人々が活発に移動する社会、重商主義社会こそ、理想の社会なのである。

日本歴史を調べてゆくうちに、無縁・原始的力・宗教・異形《いぎょう》・無意識・非人・資本主義・都市などがすべて同じ特色をもち、かがやかしい場所であり、また彼らの生き方こそ理想だと網野は感じたのだった。異様な姿をして村々を訪問し遊行する人間、世間のルールからはみだした非人たち、彼らのつくりあげる社会システム、それは「移動性」と「流動性」を特徴としているということである。ダイナミックでつかみどころのない動きは、あたかも貨幣あるいは市場がもつ流動性と同じだからだ。これこそが江戸時代には消え去るもの、しかし中世の無縁から都市にいたるまで共通していた特徴だと、網野は考えたのだった。

中沢新一から言われたこと、これが中世理解をさらに深めるきっかけだった。社会の動きだけではない、人間の生き方、生活スタイルそのものを、貨幣の動きと同じだと思って見なおしてみる。網野は、定住＝農本主義は否定されるべきであり、移動漂泊することこそ正しいという史観をつくりあげてゆく。それは吉本隆明が、『遠野物語』で狩猟民＝サンカに見出した特徴とぴったりと重なる。

†ポスト・モダンと狩猟民

確かに網野史観はきわめて精巧であり、魅力的なものであった。また一見するところ、遠い中世の歴史を扱っているように見える網野のことばが、にもかかわらず多くの一般読者の賛同を得、『日本社会の歴史』などが異例の売れ行きを見せたのには理由があった。それは時代が、彼の思想を高く評価する雰囲気だったということである。

たとえば、ゲルナーの弟子にあたるアンソニー・D・スミス（一九三三〜）は『ナショナリズムの生命力』のなかで、次のように時代の特徴を描いている。

現代社会の特徴、およびそこに住む私たち自身を理解しなければ、ナショナリズムを正確に理解することはできない。ところで現代社会の独自性は、しばしば「ポスト・モダン」とか「ポスト産業主義」と呼ばれている。ではポスト・モダンとは何だろうか。それは一言で言えば、大量消費社会ということである。もともとの文化的文脈から引き離された大量の商品が世界全体に「拡散」してゆくこと、それが大量消費社会が持つ最大の特色である。そういった社会では、その本質は動的で、折衷的であり「その形はたえず変化している」。場所にも時間に対しても無関心であって、流動的であることを好む［スミス一九九八―二六五〜二六七］。

文化とは本来、場所に根づいたものである。だがしかし、現代社会＝ポスト・モダンの社会では逆の事態が起きている、スミスはそう考えた。マス・メディアであらゆる情報は拡散し、つねに激しい流動性にさらされている。変化と動きこそ、私たちの社会の特徴なのである。

このポスト・モダン社会は、あたかも現実世界に中世を再現したかのようであった。私たち現代人のすべてが、中世の第二段階の資本主義社会を生きているというわけだ。宗教的な神聖さを失った後の、歯止めのきかない重商主義、神仏の支配から逸脱したモノ、ヒト、金が動きまわる社会を生きているのである。スミスのポスト・モダン論を後押しするように、日本の網野史観では、移動する漂泊者たちが肯定的に描かれていた。そして現代社会では当然、死の問題は、個人的な問題になるだろう。吉本隆明がすでに移動する民サンカの死のイメージに、あるいはハイデガーに文句をつけることで発見した死のイメージ、これが現代社会の、死をめぐる発言と重なるわけだ。ナショナリズムと死の関係について、スミスは次のようなイメージをもった。

おそらくナショナル・アイデンティティの機能としてもっとも重要なのは、個人的な忘却という問題にたいして、満足いく回答をあたえてくれることである。この世では「ネイション」にアイデンティティを抱くことが、死という結末を乗り越え、個人の不死への手段を確保するのにもっとも確実な方法なのである。［前掲書一二七一］

スミスは思った、ポスト・モダンの社会は流動的で変化ばかりしている。そこでナショナリズムと死の関係を考えてみる。すると、個人が死を乗りこえるためにこそナショナリズムが必要なのだと分かってくる。私が消滅してしまう、だがこの私を忘れないでほしい。ほかならぬ私のためにナショナリズムはある。ポスト・モダンから考える限り、死とナショナリズムの関係は、こうならざるを得ない。

ナショナリズムが重視されるのは、個人が忘れられてしまうという苦痛を解決してくれるからであった。この世から立ち去るとき、死という関所を乗りこえてもなお自分が忘れられないこと、「不死」の手段としてナショナリズムはもっとも頼りになる。

だがこれは、ナショナリズムの定義としては明らかに誤っていると言わねばならない。現代社会に特有の病なのであって、ポスト・モダン＝流動性・移動性から見たナショナリズムの説明なのである。移動と変化ばかりを好む社会、ポスト・モダンを私たちは生きている。それはあたかも、サンカの移動生活のような生のスタイルだ。サンカにとって死が個人的なものであったように、私たちにとってもまた死は自分自身のことであり、その不安を解消し不死を得ようとする。そこにナショナリズムが登場してくるという論理なのだが、しかしなおその考え方には一考の余地があるのだ。

農耕民にとって死のイメージが違うこと、これがもう一つのナショナリズム定義のが手がかりになるというのが吉本の立場だった。

死は対幻想＝家族の存続の問題であり、死者がゆきつく先は、時間の積み重なりをもった土地である。他界とは、そういう場所にほかならない。だから定住と移動をキーワードにすると、アーレント＝吉本と、網野＝スミスの立場が区別できる。アーレントと吉本は定住に注目し、網野とスミスは移動を重視したわけだ。

『遠野物語』を追いかけ、サンカと農耕民の死を比較し吉本がつかんだのは、農耕民の死者たちがもっている共同性であった。そしてアーレント＝吉本の立場を、強烈に後押しする思想家がいた。それが日本民俗学の最高峰、柳田国男なのである。

†『先祖の話』――家について

柳田国男は、定住の思想家である。トポスの思想家である。

定住者の生き方を参考に、死とナショナリズムをどう考えたかについて考えた思想家である。

明治四二年（一九〇九）と翌四三年に、『後狩詞記《のちのかりことばのき》』と『遠野物語』を書いたとき、柳田国男は日本民俗学の世界を、誰の手も借りずに切り拓き始めた。そのとき柳田は、農耕民社会とは違う人々、「山人《やまひと》」の存在に注目していた。吉本に言わせれば、山人はサンカと同じだということになる。移動と変化を特徴とする生活が、山人の生活でもあるからだ。

だが、大正一〇年（一九二一）の沖縄旅行とそれに続くジュネーブ赴任が、漂泊者や山人ではなく、「常民」重視へと柳田を変えていく。それは敗戦直前の昭和二〇年（一九四五）八月一日、柳田は終戦が近いことを知らされるなかで決定的になる。土曜の蒸し暑いこの日、近所に住む元警視総監長岡隆一郎から「時局の迫れる話」を聞かされ、そして柳田はこう思った、「いよいよ働かねばならぬ世になりぬ」――仕事は、戦争でなくなった死者の霊魂の行き先と、そして、若者が死ぬことによって「家」を守り固めていく存在が消えてなくなることへの危機、これへの対応であった。敗戦による大きな断絶、価値観の劇的な変化を感じ取り、柳田は決意する。私たち日本人の伝統とは何か。私たちは何を今、失いかけているのか――人は、自分の足元が崩れ去るような巨大な変化がない限り、このような問いを発しない。みずからの、あるいは自国の国柄を考えることができる稀有な思想家に、今、柳田はなろうとしていた。

『先祖の話』を書き始めたこのとき、柳田は七〇歳を過ぎている［以上、橋川一九七七―一〇一以下、大澤二〇一一―一五〇］。でもすべき仕事がある、柳田はそう思った。もはや山人は特別な存在ではなかった。おびただしい若い死者が帰郷する今、必要なのは農耕民の生活と、その死生観であるように思えたのだ。

すでに戦争前から、都市部に人口が移動し始め家は危機に陥っている、柳田はそう考えていた。なぜなら都会に出てしまえば、先祖子孫という考えがなくなるからだ。移動した人間は、個人のことばかりしか考えない。田舎に住んでいれば、住む場所も、田をつくる場所も先祖の意思であり、家を繁栄させるためであったはずなのに［福田二〇〇七―一一三から再引用］。そして家の崩壊が決定的になったのが、今回の戦争であった。

元気な働き盛りの若者が死者になってしまう。本当であれば子孫を残し、死者を祀る側の人間、家を主宰するはずの〈要〉が死んでしまえば、地域コミュニティーもまた死んでしまうのだ。そこに蓄積されてきた人々の生活習慣、暮らしの匂い、祭の担い手が跡形もなく消えるということだ。それはどこか別の場所で再生できるものではない。また別の誰かを移住させてくれれば復活できるものでもない。容易に移植・移民すればよいという考え方自体が、移動と漂泊の考え方であり定住の思想になじまない。

そこに住んできた者たちが、その場所で子どもを生むのは、家の未来を生みだすことである。またその場所で先祖を祀るとは、家の過去を背負うことである。この二つの時間を担う〈要〉がいなくなった。それは土地に歴史を刻みこむ者が消えたということであり、場所を守る人たちと、その共同性が奪われたということなのである。

一九四五年の敗戦が奪おうとしていたのは、人々の積みあげてきた秩序とつながり、そして世界観であった。そこに定住した者たちが、自然と話しあい、また戦いとってきた秩序を粉々にしてしまうかもしれなかった。

だから家の問題を無視して、戦後に新しい社会組織などつくれるはずがない、柳田はそう思った。なぜなら人と人とのつながりや、その土地ならではの伝統は、いったん失われてしまうと再びつくれないからだ。再生不可能な伝統を壊すと「よかれ悪しかれ多数の同胞を、安んじて追随せしめることができない」からだ〔柳田一九九〇—九〕。だから敗戦は間違いなく、巨大な危機であった。

だが一方で、戦争によるおびただしい死者は、私たちに死を直視させることになった。死は生きている者の世界に密着していること、戦争は普段は隠された死を、日常の世界に引っぱりだしてきたのである。だから死者について、とくに若者に考えてほしい、この度の敗戦はそのためのラストチャンスでもある、老いた柳田はこう思った。そして一カ月あまり筆をひたすらに走らせ続けた。

いったい死とは何か、日本人にとって、死者とは本来どのような存在だったのかを考え続けながら筆を執ったのである。

この島々にのみ、死んでも死んでも同じ国土を離れず、しかも故郷の山の高みから、永く子孫の生業を見守り、その繁栄と勤勉とを顧念しているものと考え出したことは、いつの世の文化の所産であるかは知らず、限りもなくなつかしいことである。……我々の証明したいのは過去の事実、許多《きょた》の歳月にわたって我々の祖先がしかく信じ、さらにまた次々に来る者に同じ信仰を持たせようとしていたということである。［柳田前掲書―七一〇］

日本のこうして数千年の間、繁り栄えて来た根本の理由には、家の構造の確固であったということも、主要なる一つと認められている。そうしてその大切な基礎が信仰であったということを、私などは考えているのである。［柳田前掲書―二〇八］

死者の側から、日本の姿を柳田は見ている。人は死んでも、国土を遠く離れることはなく、生者と死者は交わりをもち続けている。多くは故郷の山の上から子孫の営みを見守り繁栄してほしいと願っているし、生者もまた、死者に見守られていると思い、いつかは自分もその側になると安心して思っている。死者と生者の距離はそれくらい近いのである。

柳田と吉本が見たのは、個人の不死などとは無縁の死生観が、定住地域を支えているということであった。

みずからが死ねば、死者たちのなかに溶けこんでしまい、家の存続を傍らから見守ることになるだろう。近くにある他界から、つねに見守りつづける。こうした生活が、数千年かけて積みあげられてきた「民族の自然」なのだと柳田は思った。そして戦争と手痛い敗戦が、明治以来の今までの社会制度に反省と大転換をもたらすチャンスである、こうも思った。

この場所を守り、今ここにある人間関係を次の世代に譲り渡すこと、これが「信仰」である。過去から積み上げられてきた宿命を、それは受けいれるということだ。自分の力などというものを過信しないということだ。人々の暮らしのくり返しが、そのままこの国の国柄であり、未来を築いてゆくときの唯一の判断基準である、柳田はそう思った。定住の暮らしとそこで営まれる信仰、家について考え、自分の力よりも背負ってきたものを受けいれること。これが明治以来忘れられつつあった本当のこの国の死生観であり、倫理観だったのである。

†見守るナショナリズム

敗戦は、柳田国男にとって二つの側面をもった。

第一に、常民が長年にわたってつくりあげた生活観が消滅してしまうかもしれないということ。資本主義と都市化の進展、加えて戦争による多数の死者が、家制度を破壊しつくしてしまうかもしれない、柳田はこう考えた。

しかし一方で、柳田にはもう一つの考えがあった。それは明治以降の制度作り＝近代化が、あまりにも急激にすぎ多くの矛盾をもっていたこと、この矛盾が敗戦で明らかになり、家制度について、もう一度反省するチャンスを与えてくれるかもしれない、柳田はこうも考えていたのである。敗戦は危機ではなく、明治以降の日本社会を考えなおすチャンスなのである［柳田前掲書―一〇、一二など］。

新たに国難に身を捧げた者を初祖とした家が、数多くできるということも、もう一度この固有の生死観を振作せしめる一つの機会であるかもしれぬ。［柳田前掲書―二〇九］

一九四五年夏の敗戦によって、明治以来の急ぎすぎた国造りは砕け散った。それは人々の暮らしの実情に基づかない、制度の合理性のみを信じすぎた結果にほかならなかった。だがそれでは人と人とのつながり、暮らしが傷つく。それは死者までも犠牲にするだろう。このような明治以降のあり方を反省し、日本人自身の死生観、倫理観とは何かを問わねばならない、柳田はこう決意していたのだった。

戦争に敗れた日本は、自分自身にも、世界に対してもどのような国家なのか説明しなおさねばならない。自分自身は何ものなのかが分からなければ、世界で起きる事件に対応できないし、説明もまたできない。明治をはるかに超えた伝統こそ手がかりになる、柳田の確信はそこにあった。

戦争経験から、吉本隆明は、個人幻想を最大限に重視した。それが全体主義に対抗する必死の拠点だと思えたからである。しかしその個人は、芥川龍之介のような事態をまねくかもしれない。自死を避ければ、独裁者を生むかもしれない。

またハイデガーも、死を個人の問題としてとらえたし、スミスもまた同じように、個人の死をどう処理するかと悩み、ナショナリズムに期待した。彼らの死は、圧倒的に個人的なことに関心が向いていて、先祖と子孫へのまなざしがどこにもない。

柳田国男は、彼らの誰にも属さない。

柳田にとって、個人の不死は最大の課題ではない「信仰はただ個人の感得するものではなくて、むしろ多数の共同の事実だったということを、今度の戦ほど痛切に証明したことはかつてなかった」［柳田前掲書—一六五］。子孫がどう食いつなぐか、平穏な生活を送れるのか、同じ場所で移動も漂泊もせずに生活を営めるかを他界から見守る。他界から見守れるように、死者は送りだされるのである。その伝統を見失わないようにし、わが国の死生観を保ち続けること、死者は死んで後もなお、家を見守るという責任＝倫理を課されていること、これが柳田のナショナリズムを支えている思想である（もちろん、このナショナリズムのイメージはルソーの社会契約やゲルナーの国家定義などとは大きく違う。たとえば、橋川二〇〇一b、橋川二〇〇五参照）。

ナショナリズムは、アーレントや柄谷行人が批判するような疑似宗教とは無縁である。さらに、スミスの言うような個人的な問題を解決する道具でもない。

ナショナリズム＝宗教という「第二の誤解」は、柳田国男のように慎重に訂正された場合にのみ、ナショナリズム＝信仰と呼んでよいものになる。

第五章

ナショナリズムは必要である

――江藤淳『近代以前』

1　戦後から江戸時代へ

†八月一五日＝三月一一日

今、ナショナリズムを語ることは流行なのかもしれない。

震災と近隣諸国との緊張関係さらには貿易の自由化をめぐって、国家の存在を無視することはできなくなった。「この国をどうするのか」という話で、世間はもちきりである。だがこの事態は、本当に喜ぶべき事態なのだろうか――。

もちろん答えは「否」である。なぜなら日本人は再び、あの終戦のときと同じことをしているからである。変わり身の早さを見せているだけとしか思えないからである。

第二次大戦が終わったとき、多くの知識人たちが戦前を恥じ、批判のことばを重ねた。終戦の前後を断絶させ八月一五日以前を否定的に描き出した彼らは、戦後＝一五日以降という「高い」立場に身を置き、その高所から戦前に罵声を浴びせたわけである。

ところで、東日本大震災＝三月一一日以降、この国はまた「同じこと」をしているのではないだろうか。そう考える理由は次のようなものだ。

大震災と、それに続く福島第一原発事故に対する感情的な反応のほとんどすべてが、この戦前批判と同じロジックで動いている。原発反対デモに参加する人が批判してやまないのは、当人たちが気づいているかはともかく、今度は「戦後」体制のはずである。この国で生きてきた人間は、終戦以来、軍事力をアメリカにお任せし、高度経済成長という経済面のみの復興に腐心し、その際、必要不可欠なエネルギー源の一つを原子力発電にゆだねてきたのであった。

だとすれば、私たちの反原発運動は、戦後総体を批判していることになる。八月一五日のあの日から、人々が高所だと思っていた場所よりも、さらに一段高い場所から、三月一一日以前の戦後体制を、私たちは否定していることになる。

だがこれは、本当に恐ろしいことである。

なぜといって、ある日突然、自分が八月一五日、あるいは三月一一日以前にも生きていたことをすっかり忘れてしまっているからだ。あたかも、自分はそれ以前には存在しなかったかのように振る舞い、高所から「絶対の正義」を握りしめ、罵倒の斧を振りおろす。

不況や政治不信など、イライラを溜めこんできた私たちは、三月一一日を境に、罵倒し批判すべき対象——国家と電力会社——を手にいれ、自分がなんの心配もなく正義の立場に立ち、否定できる対象を見出している。三月一一日以降の知識人たちは、久しぶりに正義の斧を振りかざし、思い切り叩きつけることのできる獲物を見たときのような眼をしている。

もちろんここで、原発稼働の是非を言いたいのではない。私たちの議論の進め方、考えるときの順序の話をしているのだ。吉本隆明を読んできた私たちには、自分たちの考える「正しさ」に溺れることは許されない。絶対に正しい立場に自分が身を置けるなどと思ってはならないのだ。

まず震災以前、多くの人は、原則的に戦後という舞台を動きまわり戦後的価値観とでも呼ぶべきものを肯定していたのではなかったか。にもかかわらず、震災と原発事故が起こるや否や、一転して自分の所属していた空間を忘れ去り、今度は戦後そのものを批判し、国家に問題解決を行うべきだと迫り、国家の再登場を促しているのではないか。

だから最近の国家の再登場を手放しで喜ぶことはできないと筆者は言っているのだ。確かにさまざまなことが言われている。だが、その空騒ぎの背後にあるこの国のゆくえを考えるような、落ち着きあるナショナリズム論をつくりださねばならない。

†三つの誤解

そのために、三つの誤解に気がつくことから、この本を書き始めた。ナショナリズム＝全体主義だという思いこみが第一の誤解。ナショナリズム＝宗教だという断定が第二の誤解である。宗教ということばで何をイメージするか自体、この国では明確な定義がないと言ってよい。この本ではアーレントを参考に、独裁者と全体主義を生み出すような状態、それを疑似宗教と呼んで疑問をなげかけた。そして柳田国男のなかに、ナショナリズムと宗教の関わりの仮説をたてておいた。

だとすれば、ナショナリズム＝民主主義という第三の誤解が今、手元に残っていることになる。これを解き明かせば、全体主義・疑似宗教・民主主義——正確には、ポピュリズム——とナショナリズムは別物だという主張が、証明されたことになる。手がかりは八月一五日以降、すなわち「戦後日本」である。柳田国男が危機とチャンスの両方を見た敗戦経験を糧に、戦後の日本とは何かについて考えた知識人たちが登場してくる。彼ら一群の知識人の発言は、柳田国男や吉本隆明と同じく、敗戦をこの国にとっての最大の体験であると見なし、戦後の日本のあるべき姿を人々の前に示して見せた。ナショナリズムは、民主主義とイコールなのかという本書の問いに答えるためには、彼らの発言に是非とも耳を傾ける必要がある。

ではそのために必要不可欠な知識人とは、誰か。

江藤淳（一九三二～九九）と丸山眞男の二人である。ともに戦後活躍した知識人の代表選手だ。知識人がどんな「ことば」を紡ぐのかに若者たちが固唾《かたず》を呑み、ことばが直接時代を動かすことができた時代、筆先に時代の肌が触れるのを感じ取れた時代――その先頭走者が江藤と丸山であった。

たとえば、冒頭で取りあげた柄谷行人は、自分が漱石論を書き始めたのは、江藤淳に認めてもらいたかったからだと言っているし、丸山眞男がもった影響力は、哲学者サルトル（一九〇五～八〇）に匹敵するとまで当時言われていたらしい［竹内二〇〇五］。

江藤と丸山の二人は、戦後を代表する思想家である。だが面白いことに、彼らの作品の多くは直接戦後を取り扱ったものが少ない。二人とも、過去の思想家や文学者の口を借りて、自分の考えを述べたのであった。

江藤淳といえば、夏目漱石（一八六七～一九一六）や勝海舟（一八二三～一八九九）の評論が有名だし、さらに海軍軍人・山本権兵衛（一八五二～一九三三）などについても描いている。晩年には西郷隆盛（一八二七～一八七七）の生涯に、あつい思いを託した。一方の丸山眞男も、福沢諭吉の研究でずいぶんと知られた人であった。生涯にわたって福沢への賛辞を惜しまなかった。

その二人が、共通して関心をもった時代がある。

それが江戸時代である。

二人の江戸時代イメージを比較してみると、面白い事実にぶつかる。その面白さをここでは描こうと思う。江戸初期の思想家に対して、両者は鮮やかに正反対の評価を与えたが、この評価の違いはどこからくるのか。よく読んでみると、それは江藤と丸山の戦後民主主義、そしてナショナリズムに対する評価の違いからきていた——これが筆者の言いたいことのすべてである。

江戸時代には、さまざまな思想家が登場した。荻生徂徠《おぎゅうそらい》（一六六六～一七二八）や本居宣長《もとおりのりなが》（一七三〇～一八〇一）などの名前を聞いたことがある人もいるだろう。徂徠は『論語』を含めた中国古典に取りくみ、宣長は『古事記』など日本古典を生涯勉強し続けた人であった。当時の学問の中心は、大陸すなわち中国の学であった。それを読み破ったのが徂徠であり、それに対抗したのが宣長だったと言ってよい。大陸の学問の基本だったのが、儒学なかでも朱子学という学問であった。

朱子学とは、朱熹《しゅき》（一一三〇～一二〇〇）がつくりあげた学問で『論語』『孟子』『大学』『中庸』に彼独自の解釈をほどこしたものである。その影響力は圧倒的なもので、韓国ではこの後、二〇世紀の初めまで朱子学一辺倒であったという［小倉二〇一二］。では日本ではどうかというと、朱子学の最盛期は江戸時代前半だと言ってよい。戦国時代が終わって江戸幕府ができると、家康は朱子学者を厚遇するようになった。

この章の主人公・藤原惺窩《せいか》（一五六一〜一六一九）と林羅山《はやしらざん》（一五八三〜一六五七）が、日本朱子学の二大巨人として有名である。日本史の教科書にも登場するのだが、覚えている人は少ないかもしれない。

だがともかくも、この二人の儒学者が勉強した中国の学＝朱子学が、江藤淳と丸山眞男にとっては魅力的に見えた。江戸時代の初めの思想が、戦後の思想家を魅了して放さなかったのである。

†江戸時代へ

もう少し、分かりやすく具体的に見てみる。

江戸時代の初期、朱子学という学問が発達したが、それに対する二人の評価は正反対であった。丸山眞男は朱子学を否定した。なぜか。なぜなら丸山は朱子学の特徴に戦前のファシズム＝全体主義と同じ特徴を発見したからである。

そして丸山は、朱子学以後の江戸思想に、朱子学を乗りこえるような思想、つまり「近代」的な思想を発見しようと努めた。戦前＝全体主義を批判的に乗りこえることを終生の課題とした丸山は、朱子学に戦前を重ねることで江戸の思想を描こうと考えた。

だが一方の江藤は朱子学に共感した。なぜなら朱子学者が、私たちと同じ課題を背負っていることに気がついたからである。丸山は間違っている。朱子学者こそ「近代人」である私たちと同じ苦しみを味わっているのだ——この事実を江藤は発見する。二人とも近代に関心を持ちつつ、朱子学への評価は対立している。それは二人の近代イメージが正反対であることに由来していたと言ってよい。

でもここでなぜ、筆者は二人の複雑な江戸時代論に惹かれることになったのか。それは二人の江戸時代論が、第三の誤解を解いてくれるからである。ナショナリズム＝民主主義という図式を破壊してくれるからである。第一と第二の誤解は、すでに解決されている。ここで最後に、第三の誤解を解消しておきたいのである。

丸山にとって、朱子学＝全体主義＝戦前は否定されるべきであった。戦後はそのためのスタート地点であり、終戦の日＝八月一五日は絶好の出発点だった。戦後こそ、戦前を反省した私たちがまっとうな人間になるための場所であった。

だが江藤は違ったのである。江藤にとって八月一五日は挫折そのものだったからだ。『戦後』は喪失の時代としか思われなかった」［江藤一九七三a—二二二］。丸山の戦後イメージは明る過ぎる、そして近代のイメージも。わが国の近代とは、古くから積みあげてきた価値観・世界観の崩壊と喪失、つまり危機以外の何ものでもないはずである。日本の近代は、崩壊と喪失だということを確認するために、江藤は漱石や江戸時代へと目を向け、筆をとろうとした。

自分の生きている時代に違和感をいだく、すると自分と時代のあいだには亀裂が生じる。どのような経緯で現在の自分の立場があるのか、どうして今、自分がこのような「自分」になっているのか、あるいはなってしまったのだろうか——こういう疑問をいだくと、ひとは過去へと遡るものだ。そして過去から教訓を引きだそうとする。江藤と丸山は、それを実践した知識人だった。

だからナショナリズムにくっついた第三の誤解をふり払うために、彼らの江戸時代論を見てみたい。まずは、江戸思想の門を叩いてみる。

2　江戸思想に入門してみる

†二冊の書物

今ここに、二冊の本がある。江藤淳『近代以前』（一九八五）と丸山眞男の『日本政治思想史研究』（一九五二）の二冊である。

思想あるいは文学に興味ある人は、この二冊を並べることに、強い疑問を感じることだろう。丸山は政治思想史研究者であり、東大法学部を代表するアカデミズムの雄であるのに対し、江藤淳は文藝評論家だからである。両者のあいだには立場の違いによる書き方の違いがあり、資料への態度もまったく違う。

おそらく、この二冊を比較した文章はなかったはずである。江藤の多彩な仕事のなかで、『近代以前』それ自体が無視されている。江戸時代の話は、批評家にとって取り扱いにくい本だからだ。夏目漱石論は読まれても、江戸時代論は無視されてきたのである。

江藤自身、著作のあとがきで「文壇ジャーナリズムが、三十代になったばかりの現場の批評家に要求しているのがこの種の仕事ではないことに気付くためには、いくらアメリカぼけの身とはいえ、さしたる時間はかからなかった」と言っている〔江藤一九八五―二七五～二七六、傍点原著〕。江戸時代の儒学や国学といった世界はむずかしく、専門の学者の世界だと思われている証拠である。

藤原惺窩・林羅山・荻生徂徠……だれかひとりでも実際、手にとって読むには、かなりの決意が必要である。どうして江藤淳と丸山眞男は、こういった世間受けしない人たちを取りあげたのだろうか。またどうして、二人の予想を裏切って世間はこれを受けいれたのか。

江藤と丸山の江戸思想、とくに朱子学への評価は逆ベクトルである。まずは、江藤淳の朱子学理解から見てみる必要があるだろう。

†留学中の衝動

『近代以前』の初出は、雑誌『文學界』に連載された評論「文学史に関するノート」である。その連載第一回のタイトルが、後に著作のタイトルとなった。夏目漱石に関する評論により、弱冠二四歳で華々しいデビューを飾って以後、若者の代弁者として活躍していた江藤が、わざわざ江戸時代を取りあげたのはなぜか。作品を書き終えたあとで、江藤はそのはじまりをふり返る。

その前の年の秋に、二年ぶりでプリンストン大学から戻って来たとき、私は、日本文学史のなかに、〝近代以前〟と〝近代以後〟とに通底する、地下の水脈のようなものを探索してみたいという衝迫に、しきりに駆られていた。それは、今日からみれば、日本文学の総体に、いわば〝共時的〟に触れたいという欲求にほかならなかったのかも知れ

ない。〔江藤前掲書―二七五〕

この文章が書かれた時代背景の説明がやはり必要である。

昭和三七年（一九六二）から翌年までの二年間、江藤の姿はプリンストン大学にあった。二〇代を終えようとするこの時点ですでに『作家は行動する』『小林秀雄』などを書きあげていた江藤は、自分が時代の寵児であることを自覚していた。三一歳で『金閣寺』を書いてしまった三島由紀夫に匹敵する秀才江藤にとって、筆で時代を動かしている確かな手応えがあった。

三〇歳でロックフェラー財団研究員としてアメリカに留学したこの年、『小林秀雄』で第九回新潮社文学賞を受賞する。留学後半の一年間は、正式にプリンストン大学東洋学科に教員として採用され、日本文学史を講義するまでになった。破竹の勢いで批評家の地位を築きあげている最中、江戸時代論を書きたいという情熱が頭をもたげた。

帰国後実現した江戸時代論は、一二回の連載を終了し、その後を書き足すつもりだったので、書籍化はしなかった。しかし結局、追加原稿も書かないで放り出したままだったので、人々からの要望を受けいれ単行本化することにした。時は過ぎ、昭和六〇年、一九八五年になっていた。日本の思想界にはポスト・モダンと呼ばれる思想の流行現象が起きていた。その嵐が吹き荒れている最中、江藤はこの著作を世に問うべきだと思った。だから単行本には二つの序文をつけた。「はじめにⅠ」と「はじめにⅡ」である。前者は今回、単行本化されるにあたって書き、Ⅱが初出時のもの。だが二〇年のときを経てしみじみ思うのは、みずからの考えに一切の変わりはない、という確信であった。

†江藤淳はなぜ江戸儒学に注目したのか

この原稿を書くことになる数年前のある日、偶然に『日本文学史』(至文堂版)の、「年表」の巻を見ていた江藤は、ある事実に気がついて驚く。

関ケ原合戦＝一六〇〇年以後の約三〇年間、見方によっては六〇年間、日本で文学史に記載されうるような風流韻事がほぼ消滅していた。めぼしい文学作品が、この数十年のあいだ「空白」だったのである。

もちろん戦乱の最中には、こういった風流なことがらに人々が関わる精神的余裕などなかったのかもしれない。だが織田信長が非業の死を遂げた一五八二年も、一四六七年の応仁の乱のときですら、文学をつくる営みは脈々と続いている。それは「流血を養分として、いよいよ妖しく咲き誇っていたかのよう」にしか思えないほどだ。

しかし一六〇〇年にはそれがない。ことばが奪われ、荒涼とした風景だけがあったとしか思えない。「この間に、あるいは文人墨客たるべき人々までが入れ替ったのである。奈良・平安の昔から連綿と持続して来たひとつの文化が崩れ去り、少くともしばらくは地下水となって人々の視界から消えて行った」。そして、あらたな文化が形成されるには「少くとも六十年の歳月が必要だったのである」〔江藤前掲書一一四〕。

戦国時代にもなかった文化の崩壊と断絶があることに江藤は気がついた。と同時に文化的な営みの連続性とは何なのか、伝統を受け継ぐとは人間にとっていったい何を意味しているのか、という思いが次々に浮かんでくる。

何か巨大な崩壊現象がある。

今までみずからをつつみこんでくれた、しかも世界を理解する手段でもあった秩序が崩れ去り人は混沌の渦に巻きこまれる。すると人は、裸の自分に直面してしまう。

この暗黒の泥水のなかを手さぐりで進むにはどうすればよいのか。もがくなかで、江藤の手に引っかかったのが「ことば」であった。江藤にとってことばは、濁流のなかを転げまわる自分自身が浮かびあがるための浮輪であった。ことばを文化、あるいは文学と言いなおしてもよい。

ことばは本来、淵に澱む混沌とした感情をすくい取るものである。淵に澱む「沈黙」からは死の匂いが漂ってくる。要するに文学とは「死者たちの世界——日本語がつくりあげて来た文化の堆積につながる回路」なのである〔江藤前掲書一二四〕。文学作品を書くとは、ことばの結晶体であって、過去の日本人たちが積みあげてきた文化的堆積を受け継ぐ営みなのだ。

文学とはだから、自己表現などではありえない。表現するに足る自己など見失い、混沌に放りこまれた人間が、過去とつながることでようやく自己を取り戻そうとする営み、それが文学というものにほかならない。半分以上は、過去に身を浸しながら紡ぐもの、死者との交流、それが文学なのである。

江藤はそれを「淵に澱むもの」あるいは「死者たちの世界」と言ったわけだ。江藤は、ことばを通じて近代と近代以前の連続性を求めていた。だが一六〇〇年、江戸時代のはじまりに江藤の期待を裏切る大きな歴史の断絶が、黒々とした口を開けていたのである。その事実を文学年表に発見してしまい、江藤は驚く。

ところで、なぜこの亀裂がナショナリズムに関係するのだろうか。江戸時代の文学の断絶が、どうして「第三の誤解」を考えることにつながるのか?――それを二人の朱子学者を語ることで明らかにする。

まずはしばらく、江戸時代の思想家の話につきあっていただく必要がある。

†藤原惺窩の危機

中央線の御茶ノ水駅で降りて、なだらかな坂を秋葉原方面に歩いてゆくと湯島聖堂がある。湯島聖堂こそ、この章の主役のひとり林羅山ゆかりの場所である。藤原惺窩とともに日本朱子学の祖とも言われる羅山は、まず手始めに寛永七年（一六三〇）、上野忍岡で私塾を開学した。それから一〇〇年以上たった寛政二年（一七九〇）、いわゆる「寛政異学の禁」によって、朱子学は他の儒学とは異なる特権的地位を与えられる。私塾から始まった学問は今や、徳川幕府からお墨つきを得るまでになったのだ。

結果、朱子学は幕府の直轄機関の正統学問として認められ、羅山の私塾は昌平黌《しょうへいこう》すなわち昌平坂学問所として正式に組織認可された。それが今日の湯島聖堂というわけである。だから湯島聖堂のそもそもの起原をつくった人、それが林羅山であり、その先輩格が藤原惺窩と考えていいだろう。

江藤によれば、藤原惺窩とは豊臣秀吉時代の思想家である。

惺窩は『新古今和歌集』の撰者・藤原定家から数えて一二代目の子孫であり、冷泉家を出自としていた。その惺窩が、秀吉によって播磨国細川ノ庄にある冷泉家の領地を横領されるという事件が起きた。それはきわめて象徴的な事件であり、また象徴的な土地でもあった。なぜなら、日本の文学の正統を自認していた歌学が、武力によって否定・破壊されたことを意味するからである。

江藤は言う、「公家である惺窩は、武力以外には公家的な価値を立証する手段を持たぬという皮肉な瀬戸際に追いつめられていたのである」。また、「彼にとっての正統とはすでに客観的な規範ではなかった」と〔以上、江藤前掲書一四四〕。

藤原惺窩は、古い時代の価値観・世界観を代表する人間だった。そこに秀吉による武力が襲いかかり、すべてを奪い破壊しつくそうとした。伝統は、社会を秩序づける価値基準＝モノサシではなくなる。古い価値観が壊れ、でもまだ新しい価値観は根づいていない、そんな時代をどう生きたらよいのか。歌学の伝統を背負う惺窩には、諦めきれない重大な使命があった。時代の混乱を切り抜け、荒波を泳ぎきらなければ、伝統が死んでしまう。その伝統を受け継ぐにはどうすべきなのか、これが惺窩に課せられた使命だった。

その際に、惺窩が選択したのは、徳川家康との出会いと、朱子学の発見である。

五山の禅僧であり、歌学の末裔でもあった惺窩は異国の学＝儒学を選んだ。僧衣を脱ぎ捨て、新しい学問である朱子学をみずから積極的に引き受けることを選んだのである。それはなぜか。

その理由はこうであると江藤は思った。

儒学は当時、中国から広がり始めた「普遍思想」だったのであり、周辺世界を呑みこみ、日本へやってきたのであった。それはヴァレリーとアーレントが見届けた帝国主義時代の拡散と膨張に極めて類似した状況であったと言えるかも知れない。

普遍思想の拡大を惺窩が受けいれる態度を示したこと、これが重要だと江藤は思った。惺窩はあたかも、日本の近代化を予言しその特徴をはっきりと教えてくれるように思えたからである。なぜなら惺窩は、新しい思想の流入＝普遍化が避けて通れない時代を生きていて、彼の周囲には輸入思想で自らを武装し、酔いしれている者たちが溢れていたからである。あるいは逆に、新しい思想を受け入れず、社会で起きている現実を拒否する人も惺窩は目撃していたのだった。そして惺窩がとったのは、いずれの道でもなかった。彼は朱子学という普遍思想が襲ってくることを不可避だと受け入れつつ、それがみずからの伝統とのあいだに生み出す摩擦、この違和感を抱いて生きることを決めたのだ。

違和感をことばにすることでしか、伝統は存続しえないと惺窩は考えたわけだ。これはまさしく日本の近代化、とくに戦後そのものではないか、江藤はそう思った。惺窩の生き方、伝統の保存のさせ方こそアメリカと日本との関係を考えるうえで必ず参考になる、「普遍」と称して膨張し襲ってくるイデオロギーへの対処方法を教えてくれる——後に見るように、江藤の安保闘争への態度は、この惺窩理解と密接にむすびついているのである。

†藤原惺窩の決意

ところで、儒学は人と人とのあるべき関係を考える倫理学である。僧侶である惺窩が、朱子学を選択するのは極めて重い決断であった。なぜなら僧侶であることが「出世間《しゅっせけん》」を示している以上、人と人との関わり方を問う儒学を選ぶことはもっとも対極的な立場に身を置くことになるからである。確かに惺窩は僧侶時代に、すでに「人と人とのあいだの深淵に直面」していて、倫理に興味を持っていた。人と人との関係の中で、「正しさ」をつくりあげてゆく倫理学という営みを「出世間」のままで問うことはできないと気がついてもいた。だが一方でたとえば、楽天的な仏教徒たちは「出世間」というイデオロギーに殉じることで、倫理学＝他者がいることを無視しようとし続けていた。世間を無視し、他者との関係を拒否することに特別な意味を付与して居直ったままだったのである。

だが惺窩には、他の僧侶たちの居直りは許されなかった。国内の武力によって破壊された伝統を守るために、世間に積極的に出て行き、自己主張をせねばならない。この思いが、惺窩に朱子学を選択させたのである。人と人とが心底理解しあうことなどできるわけがない。他人はまったく自分とは異なる論理で生きている。何を正しいと思うかは、人によってまったく違っている。バラバラの正しさを抱きしめて、人はそれぞれに生きている。それはほとんど、第三章の冒頭でまとめたような、吉本隆明の問題意識と同じであった。

こういう「孤独」な思いを悍窩は体験しなければならなかった。他人は自分が守りたいもの、価値観など信じないかもしれないし、分かってくれないかもしれない。これを孤独と言わずして何を孤独と言えよう。ここで江藤は、孤独ということばに「虚点」ということばを書き添えた。つまり悍窩が見たものを、人間とは欠如した空洞である、穴のあいた存在に過ぎないと江藤は描いているのである。

よって僧形《そうぎょう》から還俗《げんぞく》した悍窩にとって、世間の発見とは、全肯定のおめでたいものではなかった。逆に世間とは、孤独を抱えた者たち同士が、壁を隔ててお互いの存在を確認しあうような不確実なイメージなのであった。

公家が現実無視にふけって、出世間的な美や学問にうつつをぬかしているかぎり、美や学問そのものに血腥い荒廃の匂いが附着して行くことは避けられない。だとすれば、どうしてこの武家が支配する世の中の現実をそのままに認めないか。認めた上でなおそのなかに公家の本来の理想――すなわち文治の理想を生かそうと努めないか。正統はそのようなかたちでしか生きつづけられないではないか。［江藤前掲書―五二］

くり返すが、藤原惺窩は定家を祖先にいただく歌学の「正統」を保持した人間であった。だから彼には次のような責任が強いられた——「自身の背負う正統をどう保持するか、生き延びさせられるか」。現実無視は許されないのだ。

方法は一つしかない。自分とは異なる価値＝正しさをもつ他者とのあいだの深淵を、飛び越える決意をすることだ。言いかえれば、無数の孤独を抱える人々＝異なる価値観を抱える人々の群れである世間に出て行き、自分の価値観を世間で通用する新しいことばで主張する決意と努力を、江藤は惺窩に見ていたのである。外来思想を用いて、バラバラの正しさに共通する何かを、つまりはルールをつくろうとしたのだ。

†一六〇〇年＝一九四五年

自分の生きている世界観・価値観が自明の前提であるとき、人は「正統」とは何かなどと問わない。だが豊臣秀吉の武力によって、「過去の思想」は死にかけていた。と同時に海外からも「他国」が迫ってきたのだ。要するに、国内の危機によって過去とのつながりを奪われ、さらに海外思想の進出で未来も不明瞭な曖昧な場所に惺窩はひとり立つことになった。生々しい現実にひとり放り出された孤独な人間の姿、それを惺窩に見ることができるはずである。

ここで注目すべきなのは、過去にも将来にも属せない惺窩の孤独、存在自体の不透明さに江藤がみずからの時代を重ねていることだ。

一六〇〇年の危機に、一九四五年を、江藤は重ねる誘惑に惹かれているのだ。「戦前」が崩壊した時代、それが一九四五年八月一五日以降であった。それは一六〇〇年の歌学の崩壊に似ているように江藤には感じられた。

戦後はまず第一に、アメリカという普遍的価値＝他国が襲いかかってきていた。それはほとんど普遍的価値＝朱子学が上陸した際の惺窩の対応と同じことを江藤に強いた。さらに第二として、敗戦という暴力による伝統の否定と崩壊が、豊臣秀吉の武力と破壊にダブって見えたのだ。それは江藤自身が苦悩している問題、戦前の伝統の崩壊と海外からの普遍思想の到来に、藤原惺窩という日本人が闘っているように見えたということである。三四五年の時を隔てて、一六〇〇年と一九四五年が同じ危機を背負っているように思えて仕方がなかった。それくらい、敗戦による秩序の崩壊とアメリカの到来は大きな意味を歴史上においてもつと思われたのである。第三章に登場した評論家吉本隆明と対談したとき、江藤は思わず『近代以前』を書かねばならなかった動機と必然性を、次のような性的な比喩で語っているのだ。

吉本　……江藤さんの場合には、なんというか、見るべからざるものを見てしまったというか、ヨーロッパ、あるいはアメリカを見てしまったものの悲哀みたいなものがあるわけですね。

（中略）

江藤　現実の問題としては、僕はやはり日本文化はもう外側からの視線を浴びせられてしまったと思う。自分が生娘を守り通していると考えるのは、幻想だと思う。もう女になってしまっているのです。それなら女になってしまった者がそれにもかかわらず、自己を主張しようとすればどういうことになるのか。［吉本・江藤二〇一一―一〇～一三］

日本という国家は、アメリカ文明を受けいれてしまった。アメリカ文明とは、もちろん普遍性の主張ということにほかならない。アメリカ文明＝普遍性＝朱子学という等式が成り立つと江藤は思った。自分自身がことばを発している空間、つまり戦後を知りたければ、アメリカの影を見定め、それを受け入れつつ、その違和感を問い続けなければならない。藤原惺窩の苦悩は、だから自分自身の苦悩としか思えなかった。

3 溶け出す社会

†崩壊から秩序へ

藤原惺窩が、みずからの伝統を引き受け苦悶していたころ、鼻の下を赤くした青年がやってきた。慶長九年（一六〇四）三月のことである。慢性鼻カタルで鼻水をたらした青年は、しかし秀才だった。惺窩を驚かせた秀才、それが林羅山である。

来るなり、羅山は惺窩に食ってかかった。お前の学問は朱子学と陸象山《りくしょうざん》のいいとこ取りをした楽天家に過ぎないではないか、こう食ってかかったのである。だが実際には、惺窩の思いは複雑だった。違う、朱熹と陸象山らの儒学者と、私惺窩は同じ苦悩を背負っていることがお前には分からないのだ。

人の本性は善とも悪ともいえる。あるいは善か悪かわからぬといって判断を放棄することもできるであろう。それはまさしくその通りであるが、朱子はここで自分はとにかく性は善だということにする、というのである。これは楽天的な性善説ではない。

なぜ彼はこのような立場を選んだか。それは、彼が人倫というもの、人の世の倫理的秩序というものの必要を信じていたからであろう。……性を悪とみて仏教に走ることも、善悪の判断を放棄して老荘の無為につくことも、いずれも人性に対する態度であろう。だが、そうしたときに自分がそのなかにいるこの現実の無秩序はどうなるか。ともかく性は善なりといって、彼は秩序への方向を身をもって示さなければならないではないか。

［江藤前掲書―七二］

敗戦ですべての戦前の価値観が否定されたように、惺窩の時代もまた国内外の危機から無秩序であった。それは善悪の秩序が壊れ、「人の本性」は善悪どちらとも言いくるめることができる社会だったということだ。堕ちるところまで堕ち、社会は放心して堕落しきっていた。

羅山よ、お前は誤解している。朱熹も陸象山も、そして私惺窩自身、社会のありさまに心を痛め苦悩を抱えている。あらゆる人間の本性を疑い、善悪について考えること自体がくだらないと冷笑する人々が溢れていた。それに、朱熹らは対抗しようとしていた。私たちもまた、同じ時代を生きているではないか。だからこそ、朱熹らの学問を私は学んでいるのだ——こう言って惺窩は羅山をたしなめたに違いないのである。

善悪などを真剣に考えること自体、馬鹿らしいと居直る人々がいた。「正しさ」について、つまり善い・悪いなどしょせん大人がつくったルールに過ぎない、ニセモノだと嘲笑する人間もまた多かった。倫理的な問題、それ自体がくだらないとルールを全否定する風潮、老子と荘子の虚無主義も人気を誇っていた。

倫理を失い、心に空洞を抱えた人間たちが、バラバラになっている。だがそれでは駄目なのだ。人と人とのあいだに通用する正しさ、つまりは倫理をどう回復するか。一六〇〇年＝一九四五年以降に、人々がともに納得する判断基準、秩序はつくりだせるか——「ともかく性は善なりといって、彼は秩序への方向を、身をもって示さなければならないではないか」。藤原惺窩と林羅山のやりとりを書きつける江藤の背後には、戦後へのいらだちがひかえている。

†林羅山の登場

惺窩の問題意識を聞いて、羅山は意外だと思った。なぜなら羅山もまた、きわめて近い問題意識を抱いて、惺窩のもとを訪れていたからである。惺窩を批判しようとしていた羅山が抱えていた問題、それは宗教をめぐる問題であった。

一例をあげよう。鎌倉時代末期に大燈国師《だいとうこくし》（一二八二～一三三八）という禅僧がいた。彼はひとり戸を閉ざして二歳児を殺し、串刺しにして炙るだけでなく、これを口にするという行為に出た。人間にとって根源的なタブーをあえて犯し、そして宗教的な威厳を大燈国師は獲得したのだ。特別な力＝聖性を付与された宗教者は、世間の外に出ることでさらに聖性を増し、現実社会の外側に現実社会を脅かすもう一つの空間＝アジールをつくることになる。現実の秩序とは異なる「自由」な空間、これをアジールと呼ぶ。あの網野善彦が、肯定的に描いた無縁・苦界・楽などの場所と、そこに生きる人のことだ。ドイツ語で「聖域」をあらわすことばである。

本来、現実にしっかりとした秩序があって、はじめてアジール＝聖域ができる。たとえば農耕民の村があってこそ、その周辺を動く漂泊者と市ができる。もう一つの場所、現実から逃避でき、まったく違ったルールが支配する自由な場所にも存在意味がある。

だが一六〇〇年以降の時代はそうはいかない。

世間全体に、薄められた宗教＝漂泊、移動、重商主義的な考えが支配している。羅山はそう、考えた。自分のような儒者こそ少数派なのであって、大燈国師のもっていた特別な力のような聖性がうっすらと、しかし世間全体に広がっている。

するとどうなるか。アジールにはあるという自由は「無秩序」「混沌」として現実を実効支配することになりはしまいか。「禁止がゆるみ、解放が一般化した結果、社会と宗教のいずれもが堕落して」しまうのである。「それは、いわば毎日が祭りであるかのような、すべての禁止《タブー》がとりはらわれて『神聖』なものと人とが自由にまざりあうことのできる解放の日々の連続のような時代である」〔江藤前掲書一八八、八九〕。

惺窩は歌学の伝統が破壊されることで、羅山は鎌倉時代の禅僧を思い出すことで、きわめて近い問題意識を抱えていたと言ってよい。それはルールがないと社会はどうなってしまうのか、という問題なのである。

私たちの周囲に、濁流のように無秩序が殺到する。聖性や根源的なタブーとされていた欲望が、怒濤のように流れこんでくる。世間の外側にいたはずの僧侶と、僧侶だけに許された特別な力は、世間の常識をおし流しながら薄められて一面を覆いつくす。

こういった非合理な力は本来、合理的なものと対立し、摩擦熱をもつことで魅力を増す。日々の単調な生活があるからこそ、祭の日の大盤振る舞いは人々を高揚させ、生き生きとさせるのだ。

日常を破壊する、そこに火花のように自由が顕現する。祭は季節の節目に行われるからこそ人間の生に高揚をもたらすのであって、毎日が祭では人は退屈し生は衰弱する。あるいは、さらなる刺激を求め続けて、陶酔と中毒症状を引き起こす。腐敗臭をまき散らす自由しかそこにはない。

「出家」という、社会の禁止のかなたに身を投じる行為によってはじめて解放されるはずのもろもろの暗黒の衝動が、俗人の日常生活のなかでも容易に解放可能になっていたという意味である。……そしてそのことによって誰もが「神聖さ」の破片を手にしている。……残忍さ、淫猥さ、あるいは宗教的でも性的でもある解放の少量を手中にしているということである。［江藤前掲書一八八］

一六〇〇年＝一九四五年と考えていた江藤淳は、戦後社会を描くために、惺窩と羅山にこう言わせているのである。要するに戦後の日本社会は、江藤からすれば価値基準を喪失した空洞なのであって、そこにアメリカに代表される消費第一主義、経済的な豊かさと快楽だけを追い求める価値を放り込んだような社会――網野史観で言う「重商主義」のことだ――だった。テーマパークのような街並みになってゆく戦後日本への激しい違和感を、江藤は江戸時代に読みこんでいるのだ。もっと激しい刺激を、さらにさらに新しいものを……と叫び続ける戦後の日本人たち。秩序が壊れ、性的な解放が世間にまで漏れ出ていた惺窩の時代。一六〇〇年＝一九四五年とは、そういう意味なのである。

†秩序の必要性

こういう社会に還俗する以上、惺窩や羅山にとって、現実社会は全肯定のおめでたいものではなかった。「孤独」を抱えた者たち同士が、お互いの存在を無視しあう不確実なイメージ。暗闇を手さぐりするような感覚に、惺窩や羅山は襲われていた。だが歌学の正統を背負った彼には、彼なりの責任があった。

方法は一つしかないように思われた。自分と他人とのあいだの飛び越え、孤独を抱えた無数の人々、異なる「正しさ」をもって生きている人同士のあいだを取りもつ。そのために、みずからの価値観を世間で通用するものに鍛える。

それは国際社会でも同じだった。世界で通用する自国の価値観をつくりあげ説明することに似ていた。だからこそ惺窩は、外来思想＝普遍思想＝儒学を積極的にみずからのものとした。思想を舞台にして、惺窩は精神的な開国に踏みきったのである。すでに処女性を失い「女」と化した人間が、近代化に違和感をかかえつつも、どのように自己を主張するかということだ——江藤が吉本隆明との対談で語った性的な比喩は、こういうかたちで藤原惺窩論の背景をなしていた。

†時代診断の結論

江藤淳と丸山眞男は、なぜ、江戸朱子学に注目したのだろうか。それは第三の誤解、すなわちナショナリズム=民主主義にどう関わるのか。

まずここで江藤について、答えることができるだろう。一六〇〇年=一九四五年だと江藤は思った。藤原惺窩と林羅山は、秩序とは何か、ルールはなぜ必要なのかという問題に解答を与えてくれたのである。国内では豊臣秀吉が、国際社会では朱子学という普遍思想が、共にこれまでの秩序を破壊するために現れた。結果、社会はどうなったかと言うと、社会からは秩序が消え、混沌と同じ状態になってしまったのである。人々は無・意味の世界を生き、頽廃的な社会、猥雑で、快楽のみを追い求める社会ができあがってしまった。それはたとえば中世であれば、秩序がありその外の神聖な空気の下で、つまりは秩序の外側で行われていた交易が、今や世間全体を支配したという意味である。それは第四章で歴史家・網野善彦が『無縁・苦界・楽』に見た重商主義の世界である。宗教的権威なき資本主義が、社会全体を支配したということであり、漂泊し、移動し、貨幣が支配する社会と言いかえることができるのだ。

そしてそれは、まさしく戦後日本そのものであった。戦後の日本もまた、武力による戦前の価値の破壊と、アメリカという普遍的価値が襲いかかり、混乱と無秩序が支配しているではないか。さらに八〇年代ともなれば、ゲルナーが「ポスト・モダン」＝大量消費社会と呼んだような社会となり、個性なき商品が世界を駆け巡り、禁止やルールなど人々が共通して従う確実な正しさは失われている。消費と新しさ、刺激と移動、猥雑なことばかりが支配的な社会、それが戦後日本ではないのか。悍窩と羅山の前にひらけていた重商主義社会のなれの果てではないか。

これは明らかにおかしい、江藤はそう思った。そして今こそ、江戸時代の朱子学者にならねばならぬ、たとえ人々が秩序の崩壊に溺れていたとしても、自分だけは秩序の必要性を訴え、人それぞれ、バラバラの正しさを調停しなくてはいけない。朱子学＝普遍的価値＝アメリカに襲われつつも、なお、自前の伝統の中から共通の善悪の基準を見つけ、世界を再構築せねばならぬ——江藤はこう確信したのである。

それは真理や確信がなくなった時代に、どのようにして今一度、人々が確信できるような共通の価値観・倫理観を再構築するかということである。出来合いの権威や真理はもはや信頼できない、すべてのものが嘘であるとも言える時代に、江藤は、秩序を再びつくりあげようとした。過去の中に、自らの肉体的苦痛と同じことばを探そうとしていた。

第六章

戦後民主主義とは何か

——丸山眞男『日本政治思想史研究』

1　丸山眞男は朱子学に、まったく逆の評価を与えた

†『日本政治思想史研究』の破壊力

藤原惺窩と林羅山が取りくんだ問題に、江藤は深く共感した。しかし丸山は逆に複雑な思いをもって日々、儒学の古典と向き合っていた。

戦後、『日本政治思想史研究』として日の目を見る論文集を、丸山は戦時中に書き続けていた。それは論文という形式を使った遺書のつもりであった。みずからが死んでもことばだけは残る。戦時中にも、こういう考え方をした人間がいたことを覚えていてほしい、丸山はこう思っていたに違いない。

この書は、東京大学出版会から一九五二年に単行本として出された。内容は「近世儒教の発展における徂徠学の特質並にその国学との関連」「近世日本政治思想における『自然』と『作為』」「国民主義の『前期的』形成」の三本の独立した論文からなっている。

第一論文は、「国家学会雑誌」第五四巻二号から五号に、一九四〇年二月から五月にか

けて連載された。第二論文は、翌四一年七・九・十二月、四二年八月の四回にわたって、同じく「国家学会雑誌」に分載された。このあいだに「大東亜戦争」が始まっている。第三論文は、一九四四年三月四月の二回、これまた同じ「国家学会雑誌」第五八巻三・四号に掲載された。各々発表された時期はそれぞれ違う。しかしどれも「戦前」の丸山の思いを託したものであった。

一九四四年七月はじめ、突如私に召集令状が舞いこみ、初年兵教育を受けるために、私ははるばる朝鮮の平壌につれてゆかれた。……召集令状を受けてから新宿駅を出発するまでに、まだ一週間の余裕があったので、私は、家を出る直前までこの原稿のまとめに集中していた。私がペンを走らせている室の窓の外には、私の「出征」を見送るために、日の丸の旗を手に続々集って来る隣人たちに、私の亡母と、結婚して僅か三ヶ月の妻とが、赤飯《せきはん》をつくってもてなしていた。その光景は、いまでも昨日のことのように脳裏に浮んでくる。……一九四四年七月という時期に応召することは、生きてふたたび学究生活に戻れるという期待を私にほとんど断念させるに充分な条件であった。私はこの論文を「遺書」のつもりであとに残して行った。［丸山一九五二―三九九］

丸山は遺書を残そうと思い、その時代に江戸時代を選んだ。みずからの生きている時代状況への複雑な思いを、丸山は近世儒学の分析に注ぎこむ。

戦後、時代の寵児に躍りでたとは言うものの、学問的な興味はこの戦中体験を不器用に追い続けることだった。戦争で見てしまった人間観、なぜこういう行動を日本人はしたのか、その論理と心理はいったいどういうものなのか、この問いがどうしても頭を離れることはなかったからである。召集されるとは、死を覚悟することであり、死と肌をふれあっていた人間が語るナショナリズム論だからこそ、丸山のことばには強い魅力が生まれる。

†丸山眞男にとっての朱子学

二つ目の論文を書くために様々な原典にあたってゆく中で、江戸の思想家たちが「すべて封建的社会秩序を無条件に肯定」している事実に丸山は驚く。朱子学はもちろん、朱子学を否定することで登場した荻生徂徠の学問、つまり「徂徠学も封建的支配関係そのものを絶対視してゐることに於て何等の相違もない」［丸山前掲書―一九七］。

こう思って半ばうんざりしながら丸山は儒学文献を読み漁っていた。すると次第に、それぞれの思想家たちの違いが見えてきたのだ。朱子学と徂徠学には見過ごせない違いがある、既存の社会秩序について肯定している点では同じだが「その絶対視する論理的道程に至つてはまさに正反対に対立する」〔同前、傍点原著。以下同様〕。藤原惺窩や林羅山と、荻生徂徠の学問は、その結果はたとえ同じであっても、そこに至る道筋はまったく違うのだ。しかもその違いは、戦前／戦後の断絶を考えるためにとても重要なものである。たとえばまず、朱子学の特色を、次のようにまとめることができる。

> 朱子学の理は物理であると同時に道理であり、自然であると同時に当然である。そこに於ては自然法則は道徳規範と連続してゐる。……物理は道理に対し、自然法則は道徳規範に対し全く従属してその対等性が承認されてゐない。〔丸山前掲書一二五〕

> 「天ハ上ニアリ地ハ下ニアルハ天地ノ礼也……此心ヲ天地ニヲシヒロムレバ君臣上下人間ミダルベカラズ」（三徳抄下）……羅山における自然法の窮極的意味が現実の封建的ヒエラルヒーをまさに「自然的秩序」として承認することにあるのは当然であらう。〔丸山前掲書二〇三〜二〇四〕

たとえば、天が上にあり大地が下にあるのは自然現象であって、つまり恒常不変の原理原則である。だがよく読んでみると、林羅山はこの自然現象の上下を、人間の価値の上下にまで結びつけているではないか。「上下人間ミダルベカラズ」。ここで使われている上下ということばは、朱子学では、道徳的価値の上下＝よい／悪いと同じ意味をもってしまっている。天が善であるのは上にあるからであり、大地が道徳的に天に劣るのは下にあるからである。

そして人間も同じことだ、天地に上下があるように君臣関係にも上下があると羅山は考えてしまっている。御上の言うことはよいことで、それは「ミダルベカラズ」と考えてしまっているのだ。

羅山ら朱子学者は、天地の恒常不変と、君臣関係の恒常不変を同じだと言っている。君主は上であるから善であり、臣は下であるから道徳には劣る存在なのである。そして道徳的上下関係は、あたかも、天地が不変であるように神聖不可侵、変化してはいけないものなのである。

丸山は「自然的秩序」ということばに、強い批判の思いをこめた。社会秩序を「自然」だと見なす。すると変えることができなくなってしまう。だが本当は恒常不変な法則などあるはずがないではないか。法則や規範、ルールは社会関係が動揺し始め、未来を予測することができなくなって古びてくれば、変えなくてはいけない。時代にあわせて柔軟に変化すべきものなのだ。「今や誰が規範を妥当せしめるのか」――「誰」がつくったかが問われなくてはいけない。このような考え方はついに朱子学にはなかった、荻生徂徠はそれを初めて発見・主張した思想家なのである。

この違いに気がついてみると徂徠の文章が、丸山には断然、輝きを帯び始めてくるのだった。一方で朱子学は、社会を変える躍動感をもたないように思えた。だから朱子学と徂徠学には正反対の評価をくださねばならない。この論文をわざわざ書いたのは、朱子学の停滞から脱出し、徂徠学にある近代性を発見したい、江戸思想史に停滞から躍動への変化の流れを見つけ出したい、つまり「中世的な社会＝国家制度観と近代的市民的なそれとの対立といふ世界史的な課題を、内包してゐる所以を明かにし……近世思想がどこまでこの課題を解決したかを尋ねようと思ふ」からなのだ〔丸山前掲書—一九七〕。

「中世的な社会」が朱子学に、「近代的市民的」が徂徠学に通じることは言うまでもない。徂徠学を頂点とする丸山の「遺書」は、戦後、幅ひろい読者を獲得することになるだろう。江戸時代の、しかも思想家のむずかしい論理が幅ひろく支持されたのには、それなりの理由があった。丸山を読む、すると儒学を透かしてみずからが生きてきた時代が読めるような気がしたからだ。新しい眼鏡をかけたときのように、戦前が、日本の課題がはっきりと見えるような気分を、感じることができたわけである。

†江藤淳vs.丸山眞男

こうして、江藤淳と丸山眞男の江戸時代物語がそれぞれ明らかになったのである。両者ともに魅惑的だが、また混乱を引き起こすに充分なほど、対立的な物語でもあるのだ。

まず一六〇〇年前後の時代を、歌学の正統価値が崩壊したと江藤は考えた。その危機はまさしく私たちの戦後日本のあり方に重なり、「近代」そのものであった。

ところが一方の丸山は、朱子学のなかに前近代的なものを見てとった。社会に変革を起こす気概を奪う論理、天地の不変に制度の不変をかさねあわせ、封建体制を擁護する論理を儒学に発見した丸山は、それを批判した。朱子学こそ、悪の元凶なのである。

しかしなぜ、彼らはこうも矛盾する評価を江戸時代にわざわざ読みこんだのだろうか。それは何を意図し、何を現在の私たちに――ナショナリズム＝民主主義図式の破壊を考えている私たちに――届けてくれているのだろうか。江藤の「孤独」と、丸山の「自然的秩序」この二つが手がかりとなる。

まず丸山は次のように考えた。あたかも自然が変化しないように、朱子学からは社会を変える力、革命的な思想は生まれない。これが自然的秩序ということばの意味である。

それに対比されるのが、「物理」と「道理」を区別する思想家、法律・規範と個人の内面道徳を区分けする荻生徂徠その人であった。法律・規範は人がつくったものであり、だから変えることができる。しかも法律・規範は外的な規則なのだから、個人の内面の思想信条は独立し、公私の区別が明確となる――こういう思いを、丸山は徂徠に読みこむ。

そしてこの朱子学vs.徂徠学という図式こそが、まさしく戦前vs.戦後の比喩となると丸山は確信したのであった。みずからが生きた空間の比喩になることを発見し、江戸時代の思想書はにわかに輝きを増したのだ。江戸時代論は、戦後論を背景に描かれている。丸山にとって戦後イメージは、朱子学を批判することでより一層明らかになってきた。

さらに終戦からまもなくして書いた論文「超国家主義の論理と心理」は、期待を超えるような反響を生み出し丸山の活躍を後押しした。戦後＝八月一五日を境に、これまでの朱子学的＝超国家主義的な日本をあらためる画期的な日が訪れた。八・一五は、「自由なる主体」となった日本国民が、健全なナショナリズム、カール・シュミットの言う「中性国家」をつくるために立ちあがるべき日でなければならぬ。「独立自尊」(福沢諭吉)した主体が、国民国家を再形成する――これこそが丸山のメッセージだった。

日本軍国主義に終止符が打たれた八・一五の日はまた同時に、超国家主義の全体系の基盤たる国体がその絶対性を喪失し今や初めて自由なる主体となった日本国民にその運

命を委ねた日でもあったのである。〔丸山一九九五a―三六〕

丸山は朱子学を否定的に語り、福沢諭吉を江戸の徂徠に見立てて全面に押し出し、戦後の思想界に理想の国民国家の可能性を持って登場する。近代社会とは、一九四五年八月一五日＝戦後にナショナリズムを再形成することでようやく達成することができるものである。八・一五以降は、まさしく期待に胸ふくらむ時代の到来であった。

2 安保闘争を通じて、民主主義評価は二つに割れた

†江藤・喪失・戦後

だが江藤の場合は違った。一六〇〇年の崩壊を一九四五年に重ねて読んでいる以上、江藤は幼少のころに体験した八・一五体験は暗さしか与えてくれなかったのである。たとえば彼は「敗戦によって私が得たものは、正確に自然が私に与えたものだけにすぎない。私はやはり大きなものが自分から失われて行くのを感じていた。それはもちろん祖父たちが

つくった国家であり、その力の象徴だった海軍である」ようにしか思えなかったのだ［江藤一九七三a—二一四］。「喪失」という江藤の全作品をつらぬくモチーフが出てくるのは、続く次の個所を書いているときである。

しかし昭和四十年五月のある日、家の跡を探しに行った私は茫然とした。……私が茫然としたのはその一切が影もかたちもなくなっていたからである。……しかしどう思おうと私のなかでなにかが完全に砕け散ったことに変わりはない。私は悲しいのかも知れなかったが、涙は少しも出なかった。父も私も、やはり依然として失い続けていた。私がほかになにを得たとしても、自分にとってもっとも大切なもののイメイジが砕け散ったと思われる以上、「戦後」は喪失の時代としか思われなかった。［江藤前掲書—二二〇・二二一］

戦後は慌ただしく二〇年の歳月を紡ぎ、人々は豊かさに満足し始めているようにも見える。しかし私の思いは何も変わらない、そこにあるべき家は跡形もなく、すべては失われてしまったからである。あるべき場所に家がない、家の痕跡すらないとすれば、私はどこに帰ればよいのか。その喪失感をいだいて生き続けている以上、『戦後』は喪失の時代としか思われなかった」。江藤はそう思っているのである。

敗戦は敗北と屈辱感だけを、無惨に敗れ去り、戦前の秩序が崩壊したという事実だけを江藤に教えた。だから昭和四〇年、敗戦から二〇年も経過したにもかかわらず、江藤は家の痕跡を探そうとし、この文を書くしかなかった。一切が「影もかたちもなく」失われていることを知り、あらためて戦後を喪失だと断定しているのである。藤原惺窩と林羅山を覆っていた喪失感、伝統から切り離された無・秩序な社会を生きる苦しさは、実は戦後の江藤自身のものであった。

そしてこの傷口をさらに広げるような事件が起こる。

六〇年安保闘争である。

江藤が戦後、文壇の寵児に駆けあがっていく際に、もっとも嫌悪したのが丸山眞男ら知識人・大学教授であった。彼らは安保闘争の際に、人々を教え導くリーダーとして積極的な発言を行い、江藤との対立は極北に達したのだ。「『思想』を売って生活している文学者や大学教授が、高級な言葉で『良心』を論じながら繁昌しているのは不思議であった……戦後の日本を現実に支配している思想は『平和』でもなければ『民主主義』でもない。それは『物質的幸福の追求』に過ぎないではないか〔江藤前掲書―二一八〕。平和や民主主義といった理想が保持されているように見えるのも、実は経済的な豊かさ＝私利私欲に支えられてのことに過ぎない。だとすれば、この私利私欲が危機となれば、つまりは不況や経済的な閉塞感が襲ってくれば、人々は、容易に平和や民主主義など放り出してしまうのではないか。

市民的良心、平和憲法さらには民主主義といったことばが乱れ飛んでいる。だが口当たりのよい言葉の背後に、すでに危機はしのび寄っているのだ。人々が理想を投げ捨てる有様、巨大なうねりとなって政治に絡め取られていく姿を江藤は見逃さない。この政治の季節は、ナショナリズムと民主主義の関係について、つまりは第三の誤解について次のようなことを教えてくれるからである。

†安保闘争

一九六〇年五月。

日本とアメリカとのあいだに、一つの条約が更新された。日米安全保障条約である。戦後を簡単におさらいすると、敗戦直後から始まったGHQの占領政策は、朝鮮半島情勢によって大きく様変わりしてゆく。当初、日本の再軍事化は危険であると考えていた連合国側は、半島で一九五〇年に勃発した朝鮮戦争によって方針転換することとなった。一刻もはやく日本を独立国家として承認し、自立を求めつつ、共産主義陣営に対向する防波堤の役割を日本に期待し始めたのである。警察予備隊から自衛隊の誕生までの流れは、このような政治的背景を背負っている。

そのような流れのなかで、一九五一年九月四日から始まったサンフランシスコ講和会議の最終日、吉田茂は講和条約に調印し、日本は四五年八月一五日以来の占領状態から解放されたのだった。敗戦からすでに、六年という歳月が流れていた。その後、警察予備隊は保安隊、そして自衛隊へと移り変わっていったが、条約調印当時の吉田茂は日本の防衛をアメリカに委ねることで、経済と文化面での復興を急がねばならないという方針をとった。そういった経緯のなかで、条約調印からわずか五時間後にアメリカと日本の間で調印されたのが、日米安全保障条約であった。

その安全保障条約が更新されたのが、一九六〇年五月のことであった。時代は吉田茂から、岸信介とアイゼンハワーの時代に変わっている。社会党議員の猛烈な反対を押しきって衆議院安保特別委員会の委員長、小沢佐重喜が委員長席のマイクを握りしめ、強行採決を行ったのが一九日の一〇時半ごろのことであった。そして翌二〇日の午前〇時六分、わずか一分ほどの審議をへて条約は衆議院本会議を通過したのであった〔以上、保阪一九八六を参照〕。

だが岸内閣のとった強硬手段に、国内の議論は沸騰した。日本社会党だけではない、学生たちもまた反安保の運動に立ちあがったのである。アメリカ帝国主義に追従するだけでよいのか、そのアメリカべったりの日本で中心的役割＝官僚や企業戦士になろうとしている自分たちエリートとは何なのか……こういった問題意識に、学生たちは突き動かされていたのだ。

このような国内全体を巻き込んだ「政治の季節」のなかで、江藤淳と丸山眞男という二人の知識人はどういう行動をとったのか。人々に、どのような態度を呼びかけたのだろうか。それは二人の戦後に対するイメージ、民主主義に対するそれぞれのイメージを鮮やかに示すものとなるだろう。

†丸山眞男の論理

まず「昭和の妖怪」とも呼ばれた岸信介政権によって、日米安保条約の強行採決が行われた五月の事態に直面したとき、丸山は、どうしても敗戦の日を想起せざるを得なかった。

つまり、五・二〇以降の事態は、本来ならば二〇・八・一五において盛り上がるべきものがいま起こっているように思われる。というのは、八・一五における戦前的な日本の崩壊の過程を、外国ではどういうふうにいっているかといえば、官憲主義と民主主義

の闘争といっている。そして官憲主義は敗戦によって崩壊したといっている。［丸山一九九六a―三三五〜三三六］

本来であれば、八月一五日に日本には民主主義の意識が生まれるべきであった。だが一五年の歳月を経て、安保強行採決が行われようとしている。この違和感をきっかけに、ようやく民主主義は芽生え始めている――こう丸山は考えた。市民は、官憲主義＝支配者の去った後に、民主主義の担い手として登場してくるのである。

だがしかし、もっとも素朴な意味で、なぜここで国家の敗戦を「外国」の評価によって説明する必要があるのだろうか。なぜいきなり、外国が顔を覗かせるのだろうか。崩壊したのは、日本人から見れば、間違いなく官憲主義だけでなく、日本という国家それ自体なのではないのか。

この丸山の論理は、日本国憲法と民主主義への評価にも一直線につながっている。丸山は憲法についてもまた「占領軍の押しつけにより日本国憲法ができた。ただ、押しつけというのは支配層に対する押しつけだったということだ。……十五年の過程を経てずっと下に滲透していった」に違いないと思った。すなわち敗戦経験からたくみに大衆と支配層を腑分けし、憲法についても民主主義と同様の論理で説明できるはずだと丸山は思った［丸山前掲書一三三七」。

戦前には官憲主義と民主主義の対立があったが、戦後の今、民主主義の勝利が明らかになりつつある。戦後の日本国憲法にもその図式はあてはまるのであって、支配層vs.市民の対立の後、一九六〇年五月二〇日以降、市民の護憲精神がようやく機能し始めたのだ。

だが、戦後を支配者だけの敗戦と見なし、権力者にだけ憲法は押しつけられたのであって、一般の人々は無疵であるとは、いかにも「複雑な論理」ではないだろうか。端的に、分かりにくくはないか。何かを救済したいという感じが漂ってこないか。

†丸山眞男の帰結

大衆・市民はかならず正しいという信念が、丸山にはあった。市民は今、憤りをもって立ちあがった。これを民主主義と言わずして、何を民主主義と言えるだろうか。にもかかわらず市民的良心は敗北してしまった、岸政権の強硬採決によって正義の側は敗北したのだ。この怒りをどこにぶつけたらよいのだろう。五月一九日の強引な採決で、状況は一変してしまったのだ。五月二四日にあった学者や研究者の最初の集会には私も参加し、呼びかけを行ったのはこの状況の変化を訴えるためであった。そこで私は、五月一九日を境にして問題は単純化したのだ、敵がはっきりと見えるようになり事態は単純化したと呼びかけたのだ［丸山前掲書―三二五］。論文「選択のとき」は次のように言う。

ああした既成事実、およびそこから出てくる結果を、済んだことだからとして認めて、その措置を考えてゆくか、それとも問題をすべてあの出来事以前の事態にかえすことから出発するか、ここにはニュアンスはありません。この中間の考え方というものは、存在しません。［一九九六b―三四八］

切迫した思いが、興奮が、丸山を襲っていた。安保闘争をめぐるデモが最高潮に達した一九六〇年五月十八日夕方、国会周辺の様子に騒然としつつも、秩序と連帯感があったと丸山は感激的に書きつける。問題は単純化したし、中間の考え方は許されない。あなたは賛成するのか、反対するのか――いずれかを選択しなくてはいけない。

だがこの発言からは、取り乱した知識人の悲鳴しか聞こえてこない。なぜといってシュプレヒコールをあげながら、それでも整然として秩序だった連帯意識をもった人間集団があるのだ、と丸山は言うがそれはほとんど第二章のアーレントがもっとも恐れた集団、全体主義そのままのように思えるからである。

政治的左右で、正しい集団と悪い集団があるわけではないことに私たちは注意すべきだ。

人間集団が発揮するかもしれない力自体にあらかじめ、善悪の区別などないからだ。ある瞬間からあらゆる集団は狂気へと、つまりは全体主義＝独裁に化す場合がある、ただそれだけが真実であるように思われる。

騒然とした雰囲気に呑まれたとき、知識人が容易に「中間の考え方」を拒絶し、物事を「単純化」する典型的な姿が、ここでの丸山にはある。知識人のデリカシーを傷つけられた怒りがここにはある。

だが繊細な個人の誇りが傷ついたからといって、政治情勢は単純化など決してしない。政治とは複雑きわまり、ほとんど投げ出したくなるような多数利害の絡み合いを調整・維持し続けることだからだ。だがここでの丸山の発言は、この忍耐を放棄して岸政権以上に人々に脅迫を強いているようにしか聞こえない。

それはおそらく、もっとも丸山自身が否定しようとした、あの全体主義に人々を誘う、死の匂いを漂わせた過激なアジテーションである。自分自身が考える「正しさ」＝善悪の根源＝八・一五が壊されたことへの、つまりは「他者」に出会ってしまったときの知識人らしい繊細な驚きがあるのだ。

†政治的季節の中の個人

では対する江藤はどうだったのか。彼は敗戦によって深く傷ついていて、安保闘争にも一切の理想を抱くことはそもそも無理であり、当然丸山のような挫折感も何もなかったのである。

政治だけではない、文化伝統そして秩序全体が崩壊した、それが戦争の意味だったのではないか。江藤はそう思った。だから丸山のように官憲主義と民主主義を腑分けし、さまざまな論理を駆使して民主主義だけを無疵で取り出すことはありえない。たとえば今、眼の前で展開している民主主義について江藤は次のようにしか思えなかった。

私は岸政権に対する抗議運動を毎日、砂をかむような思いでみつめてきた。確かに抗議集会の世話人もやるにはやった。だがどうしても他の人々のように「日本の民主主義はついに地についた」などと絶叫することなどできなかった。

なぜなら、そもそも政治になど多くのことを期待しない、それがこれまでも、そしてこれからも私の信条だからである。民主主義はあくまでも個人がひとりで生き、ひとりで死ぬことを保証する最低限の「制度」の問題に過ぎない、「私は政治の奴隷にだけはなりたくない」〔江藤一九六七―一八〕。

こう思った江藤は、中国やソ連など共産主義陣営を刺激してまで、安全保障条約の締結を急ぐ必要が本当にあるのか、と不思議な感じをもった。つまり安保条約改定について、さまざまな角度から考えてみること、批評する立場をつらぬけばそれで充分だと思った。自分の身の丈から、生活感覚に密着した立場から、この国際条約を考えつくそうと思ったのだ。自分は文学者なのだから、人間的な視点から、個人の日常生活の感覚にそったかたちで安保についても批判したいと思う。だが周囲を見てみよ、批判運動はほとんどの場合グループをつくり、その派閥に参加するかしないかで争いが起こしている。彼らはかならず「政治の支配」に巻こまれているのである〔江藤前掲書―二〇〕。

民主主義を護ると絶叫し、先頭に立つ指導者は、みずからは正しいと思っているだろう。それは他人に自分の善意を強制する、個人を全体＝自分の善意のなかに取りこもうとしている。これは政治の過剰支配ではないか。他者を取りこんでいるだけではないか。

こう思うようになってから、江藤は集会やデモに参加しなくなった。いつの間にか知識人は原稿用紙を利用し、自分のロマンチックな抒情詩を現実に及ぼそうとしている。学者もまた、研究室で勉強した図式どおりに世界は進歩し、正しい世界がやってくると思いこんでいるのだ。だがこれでは、ことばが政治に絡めとられているだけではないか。民主主義とは、実は自分の正しさで人々を飲みこもうという欲望のことではないのか。「私の主人は私以外にはいない」――この信条をつらぬいてみる。すると、五月一九日に強行採決を行った岸政権も、またそれに罵声を浴びせる民主主義擁護者も、同じ目つきをしていることに江藤は気がつき、愕然とした。岸政権も過剰支配ならば、一方の民主主義擁護運動もまた、政治の過剰に気がついていない。どうして人はこうも、政治を愛してしまうのか、なぜ個人を解消し、集団に身をゆだねるのか。むしろ、確かな正義など、どこにも存在しないこと、不安の底にある無・意味を直視することから何故はじめないのだろうか。安易な「正しさ」で心を満たそうとするのか。

かつて戦時中に猛威をふるったファナティシズムが、「民主主義」の旗を掲げて復活しただけではなかったであろうか。「ナショナリズムと民主主義の結びつき」というのは、皮肉にいえばこのことである。［江藤前掲書―二三］

人々よ、冷静さを失ってはならない――論文「政治的季節の中の個人」を書きながら、江藤はこう思った。戦後のナショナリズムは、イコール民主主義ではない。民主主義＝全体主義になっているのではないか。私たちは集団に埋没したい欲求に抗わなくてはいけない。ナショナリズムは、この国を今、支配している民主主義からはつくれないのだ。この時、本書の主題、「第三の誤解」を批判する江藤の姿があると言えるはずである。

†ナショナリズムは必要である

どうして人は、政治に絡め取られてしまうのだろうか。狂喜して民主主義＝全体主義の猛威に身を委ねてしまうのか。「個人」を脱ぎ捨てて狂気の集団に没入してしまうのだろうか。

それは個人が、国家とのつながりを失っているからである。

一六〇〇年の歌学の崩壊に驚き、敗戦と安保条約の意味を思ううちに、江藤はナショナリズムの役割に気がついた。民主主義の狂気から身を守るには、ナショナリズムが必要不可欠である、江藤はこう考えたのである。たとえば、六〇年代後半になると、江藤はしきりにヤルタ・ポツダム体制が終わると言いはじめるが、このことで江藤は戦後の国際社会秩序の崩壊を予言している［江藤一九七三b―三五など］。それは日米安保体制にも動揺をもたらし、戦後日本のあり方そのものにまで影響を与えるに違いない、江藤はそう思った。外交においては安保体制、国内秩序においては民主主義、このいずれにせよアメリカから手渡された戦後秩序に亀裂が入るとき、何が起きるのか。江藤はその亀裂をむしろ、喜んでいるように見える。なぜならその亀裂によって、私たちの眼の前にふたたび戦前の死者と、彼らが紡いできた歴史が露わになるからである。

そのときわれわれは、現在よりももっと豊かに整備され、組織され、公害すらいくらか減少したように見える七〇年代後半の東京の市街が、にわかに幻のように消え失せて、そこに焼跡と廃墟がひろがるのを見るであろう。(中略)即座にそれが戦争で死んだ三百万人の死者たちの鬼哭であり、眼前にひろがっているのが敗戦当時の東京の光景にほかならぬことを悟るであろう。[以上、江藤一九七三c―一三三～一三四]

戦後日本は、政治制度では民主主義を、経済においては高度成長を目標に国家をつくりあげてきた。軍事は安保体制によって不問にされたままだった。だがそれらすべてが、戦前の価値を否定したうえに急造されたものである限り、根づくはずがない。なぜなら国際情勢、すなわちヤルタ・ポツダム体制が危機になれば、ふたたびアメリカの要請によって、アメリカの都合どおりに価値観を変えなくてはいけないからだ。政治も経済も軍事力さえもが翻弄され、変更を余儀なくされるだけだからだ。こういう浮足立った状況、国際情勢に国内の秩序がかき乱され、定見なき状態が戦後日本を被っている。否、戦後そのものなのである。

歴史とのつながりを失ったとき、私たちは場当たり的な価値を世界すべてに通用する「普遍的価値」だと信じては裏切られる。日本という国家は「空洞」で、戦後の場合、その空白にアメリカの価値観が入りこみその場を穴埋めし、つかの間の安心を得ることが続いてきた。だがそれは、みずからを普遍だと主張するアメリカのせいばかりではないのであって、「みずからとは何者なのか」、「みずからの所属する国家とはどのような価値観を有する国柄なのか」――こういう問いかけをしてこなかった戦後日本こそ、問題なのだと江藤は思ったのである。

そして民主主義は、批判されるべき際たるものだと江藤は思った。この国では民主主義はせいぜい、装いを改めた全体主義しか生み出さない。それを防ぐには、ナショナリズムしかない。

そして今回の危機――ヤルタ・ポツダム体制の解体――は、ナショナリズム再生にとってチャンスだと、江藤は思ったのである。眼を凝らせば、そこに敗戦時の廃墟と瓦礫の山が見えてくる。そして死者たちの声が、よかれ悪しかれ引き受けねばならないこの国の価値観が聞こえてくるように思えたからである（ちなみに、死が個人の問題である限り、いかに醜悪きわまりないことになるかを、江藤は『小林秀雄』『日本文学と「私」』などで執拗に描き出している）。

江藤が個人と国家がつながっていると言うとき、彼が主張しているのは、時間の積み重なりこそナショナリズムには必要不可欠だということである。長い時間のなかには死者たちが隠れ息づいている、そのことばを参考にすれば、戦後日本が翻弄されつづけてきた価値観は大転換を余儀なくされ、落ち着きを取り戻すはずだ。国際社会でみずからの立場を主張する「国家観」をつくること、これこそが大転換の後にあらわれる、古くて新しい日本の価値である。

終章

戦後思想と死の不在

——ナショナリズムの「復権」

†ある右翼の証言

「現代は群雄割拠の時代であり、戦国乱世の前夜」というのが私の実感である。……すべての権威が挑戦をうけ、戦いをせまられているのが現代である。相対決する諸潮流は、多極的に分裂し、戦闘の準備を急いでいる。

この文章が書かれたのは最近のことではない、今から四〇年以上も前の昭和四四年三月のことである。実際は、四七年第六刷に書き加えられたものらしいが、言いたいことに変化はなかったはずである。

昭和四四年。

この年は一九六九年である。あの吉本隆明が『共同幻想論』を書き、江藤淳がヤルタ・ポツダム体制の終焉を予言したのもこの時期のことだ。新宿駅で騒乱事件が起きた年であり、東大全共闘による安田講堂占拠事件の翌年であり、一年後には、三島由紀夫が自死することになる時代だ。こうした慌ただしい雰囲気のなかで、この文章は書かれているのである。だから当時の雰囲気を知っている人は、「昭和四四年」と聞いても、驚かないかもしれない。

それにしてもこの文章は、二一世紀を一〇年以上過ぎた今も、色あせるどころか、ますます時代を正確に表現しているようにも見える。二〇世紀末に冷戦が終結し、国際情勢は「米ソ二大陣営」という単純なものではなくなった。それぞれの国家は、自国の主張を公然と語り始め、その論理は他国の主張とぶつかりあい、国家間同士の対立は目立つようになってくる。中国・韓国・ロシアといった日本周辺の国々が、自己主張を始めている。それは「群雄割拠」の時代にほかならない。

この分裂は、国家間だけの問題ではない。

当時、さまざまな政治のセクトがつくられ、バラバラの主張をくり広げた。また、現代の私たちの場合、一人ひとりは共通の目標よりも、むしろバラバラの関心のなかに閉じこもり、「多極的に分裂」してしまっている。社会は一見、成り立っているように見える、しかし携帯電話や情報は溢れているのに、私たちは簡単に人とつながれるようになったのに、なんとなく孤独感を抱いて生きている。国家間だけでない、個人も孤立を深めているのが、二一世紀初頭の姿なのである。

そういった時代に、何がもっとも恐ろしいか。これも昭和四〇年代にすでに予言されている。時代に流されたままでは、「徒らに強大なるものに屈従する」ことになるだろう、と。

私たちは孤独を抱えて不安になると、何かにすがりたくなる。不安を解消しようとすれば「強大なるもの」の言いなりになろうとする。今後、ますますあやしげな宗教やカリスマ性を帯びた政治家が登場するだろう。それに私たちの心は奪われるだろう。国際関係では、巨大な国家の思いのままに翻弄されるだけだろう。

昭和四〇年代に、この予言をしたのは誰か。

その名は、葦津珍彦《あしづうずひこ》（一九〇九〜一九九二）。

彼はアジア主義の巨人・頭山満を師匠とあおいだ、理論派の右翼であった。私たちは彼のことをすっかり忘れてしまっている。葦津が発し続けた警告［たとえば葦津二〇〇二］は、高度成長からバブル経済のころまで、経済的幸福の喧騒にかき消され忘れられていた。けれども、バブル経済の破綻から二一世紀をまたいでリーマンショックにいたるまでのあいだに、葦津の警告は、次第に現実味を帯びて再浮上してきている。思想の左右が問題なのではない、葦津のことばが的確だから引用しているのだ。この危機の時代に、私たちは自分自身とそしてナショナリズムを、どう考えればよいのか。

ナショナリズムとは何か。

数冊の名著との格闘をくり広げてきた今、最後に結論を述べておくべきだろう。

†ナショナリズムの「復権」

たった一冊の新書で言えることは、限られている。本書は多くの思想家を登場させつつも、ただ一つのことだけを、くり返し書いてきたような気がする。

ナショナリズムをめぐって、三つの誤解があった。ナショナリズム＝全体主義、ナショナリズム＝疑似宗教、そしてナショナリズム＝民主主義という図式がそれである。一つ一つを解体することによって分かったことは、私たちの中にも潜む人間のある種の傾向である。それは資本主義が生み出すタイプの人間であり、変化や移動、破壊や拡散などのことばがその性格をよく物語っている。彼らはつねに安定を嫌悪し、秩序に変化を与えることを、秩序の破壊を、新しさばかりを賛美する傾向がある。

だがなぜ、「新しい」ことはよいことなのだろうか。変化が、あるいは移動が生き生きとして真に創造的であるためには、「変わらないもの」があるときだけである。変化を喜んでいる限り、人は無限に膨張し、うつろいやすい。だがいったん、変化に不安をいだくと、今度は過剰なまでに収縮し始めるのだ。極端な拡大と、過剰な収縮をくり返す。前者＝拡大と移動が帝国主義であり、後者＝収縮が独裁や疑似宗教を生み出してしまう。独裁者が、心の空洞から、つまり不安から生まれてきたことはすでに見たとおりだ。

社会全体が、葦津の言うように、確固とした基準を見失ったとき、私たちが物事を判断する最終根拠は「自分」になる。だが自分とは、ふつう私たちが考える以上に困難でやっかいな事態なのだ。これもまた第二章でオルテガのことば――「一人ぼっち」――に見てきた通りだ。さらにたとえば、第三章で取りあげ吉本隆明は江藤淳との対談で次のように言っている。

吉本 ……ほんとうの反秩序というのは、秩序があるが故に存在しうるというようなものではなくて、秩序と、絶対的に、つまり精神的にも存在的にも衝突してしまうものです。言いかえれば、自分が自分自身の生に対して衝突してしまうということですね。

(中略)

江藤 ……なにを好んでもう一つの異常なものを見て、ほら、これだこれだと騒ぎたてなければならないのか。異常なものを現に自分がもっている人間なら、それはなるべく騒がれたくないでしょう。戦争の傷あとを持った人間は、戦争のことは忘れたいだろうと思う。[吉本・江藤二〇一一―三一・四五]

『共同幻想論』を書いたとき、吉本は共同体がつくるルールや秩序を、どうすれば本当に批判できるか、解体できるかという問題に取りくんでいた。だがその批判は、単純な反体制・反社会性などではありえない。秩序から逸脱したい、社会になじめない自分をどうにかしてほしいといったありきたりの「反抗心」は本当にくだらない、吉本はそう思った。なぜなら本気で秩序から逸脱してしまうということは、秩序に反抗するなどという子供染みた行動を言うのではないからだ。秩序が崩壊してしまい、否応なく裸の自分に直面してしまうこと、これが「ほんとうの反秩序」なのである。このことに気づいた吉本は、それをどう説明するべきかと考え、「衝突」するということばを使った。「自分が自分自身に対して衝突してしまう」と言ってみたのである。

本当に何もかもが崩れ去ってしまうと、人はどうしようもなく「自分自身」を握りしめさせられる。善悪の価値基準などなくなってしまい、裸の自分に放り出されてしまうのだ。江藤淳の場合、それを一六〇〇年と一九四五年に見たのだった。それはやはり「異常」な世界なのであって、ふつう人はそれを直視することができない、江藤はそう吉本に応答しているのである。

アーレントの全体主義論、オルテガの大衆社会論そして吉本隆明から江藤淳にいたるまで、総動員して「戦後日本」を見てみる。すると、戦後の空虚さばかりが目立ってくる。

言いかえれば、その時々に諸外国から与えられる価値観に翻弄され、いくつもの「普遍的価値」に飛びついている私たちの姿である。丸山眞男には民主主義という普遍的価値＝正しさがあったし、網野善彦にはルールから逸脱する無縁・重商主義・非農民の移動が、自由な理想世界のように思えたのだった。だがそのどれもが、つかの間の正しさに過ぎないではないか。なぜならそこには死者との交流がなく、土地とそこでの暮らしが、受け継がれてきたものへの思いが欠けているからだ。吉本と江藤がここで言っているのは、善悪の価値基準が崩壊した戦後をまずは直視せよ、ということである。心の空洞を安易な価値で埋めては安心し、また裏切られ……このくり返しを終わりにしようということである。

そのための方法は、一つしかない。それがナショナリズムの復権にほかならないのだ。

あらためて、この困難な現代社会で、ナショナリズムとは何なのか。

ナショナリズムの復権とは、いったい何なのだろうか。

たとえば国家を考えるうちに、高坂正堯《こうさかまさたか》（一九三四〜一九九六）は次のように思った。国家には三つの要素がある。「力の体系」「利益の体系」「価値の体系」この三つがからまりあって国家はできあがっている［高坂一九六六―一九〜二〇］。そして戦後の日本は経済成長＝利益の体系だけを国家目標とし、一方で力の体系はアメリカの軍事協力にゆだねてきたのだった。

そして、価値の体系を置き去りにしてきたのである。

価値の体系とは、私たち自身の生き方や死に方について考えることである。生死をどう理解し、どう処理してきたか。ここから国家のあり方について考える際、出発するということである。文化や伝統という擦り切れたことばからは出てこない重みが、そこにはある。私たちは、日本人の死生観と倫理観を、戦後、一切無視してしまった。それを重大な問題だとも思わず、今、経済や政治の混乱に踊らされ日本再生などと言っている。それは過剰なまでに心躍るおしゃべりなのだろう。活気に満ちた話もできるだろうし、愛国の気分すら感じるのかもしれない。しかしその背後に、問い続けなくてはならないことがある。それをナショナリズムの復権と筆者は言っているのである。そのヒントは、今一度引用すれば柳田国男の次のことばのなかに隠されているのかもしれない。

少なくとも国のために戦って死んだ若人だけは、何としてもこれを仏教徒のいう無縁ぼとけの列に、疎外しておくわけには行くまいと思う。……ともかくも歎き悲しむ人がまた逝き去ってしまうと、程なく家なしになって、よその外棚を覗きまわるような状態にしておくことは、人を安らかにあの世に赴かしめる途ではなく、しかも戦後の人心の動揺を、慰撫するの趣旨にも反するかと思う。［柳田一九九〇―二〇〇八～二〇〇九］

民族は自身を、定められた定住地域に根を下ろした歴史的・文化的な統一体として自覚するものである。その土地には住んできた人々の刻んだ歴史が、耕作した田園風景が、結果として残されている。祖先が営んできた労働と、それを受け継ぐ子孫の運命を、その景色と痕跡は示している——あるいは、アーレントのこういう主張のなかに隠されているのかもしれない［アーレント前掲書2—一七四］。

日本は今後も国際競争を余儀なくされ、経済成長を求めるレースに参加し続けるし、また参加せざるを得ない。つまり利益の体系のレールの上を否応なく疾走し続けねばならない。そして場合によっては、競争力を確保するために原発の稼働も行わねばならない。また一方では外交への対応に迫られ、今後、武力保持のあり方をめぐって、戦後のあり方を見直す時期がくるし、憲法の改正もせねばならない。つまり力の体系とは何なのか、どういう力を保持すべきかを考えねばならない時期が必ずやってくる。

これらはすべて、近代に不可避の事態なのであって、日本も強いられてせねばならないことである。だが何のために？　それはみずからの価値の体系を守り抜くためにだとしか言いようがない。激しい国際情勢の変化、普遍的イデオロギーの席巻の中にあって、この国の国柄を守っていくためにやむを得ず私たちは利益を求め、力を追求する。だから利益の体系も力の体系もそのための手段に過ぎないのであって、目標それ自体ではあり得ない。経済再生、原発稼働の是非、武力と核兵器の保持にいたるまで、すべての具体的な問題の判断は結局、私たちが何を善とし、悪とみなすか、何を「正しい」と考えるかという価値の体系に支えられているのだ。

ナショナリズムの核心はそこにある――高坂と柳田国男、そしてアーレントが彫った文字は、このことを教えてくれるはずである。

†戦後思想と死の不在

この国には、つい先日まで死者がいなかった。年間、三万人の自殺者がいたにもかかわらず、死者が表だって問われることはなかったからである。私たちが「私たち」と言うとき、この複数形を同時代の人々だけだと思いがちである。たとえば東日本大震災後、しばしば叫ばれた「絆」ということばに、私たちは時間的なつながりを感じ取ることができるか。死者たちへの視線は確保されているだろうか――それくらい、今、私たちの過去との断絶は深い。

今、東日本大震災による二万人近い死者をどう弔うのか、これが私たちに課されている。この国の戦後を、静かに変えるきっかけになるような気がする。思えば二〇一一年、彼ら死者たちのもとへ私たちは集まり、「つながり」を感じ取った。死者に導かれて、ようやく生者はつながりを得ることができたのだ。死者を意識して、こんな巨大な規模で、人々がつながったのは戦後はじめてではなかったか。震災を経た後のこの国で「戦後」を乗りこえ死者をどう取り戻すか、価値の体系を守るのか――これが本書の現時点で言えるナショナリズムの「復権」である。

死者たちの沈黙のことばに、耳を傾けようではないか。戦後置き忘れたままのことばを、取りに帰ろうではないか。

終わりに――再び、政治の季節を前にして

今、私たちはどこに立っていて、どこに向かっているのだろうか。

私たちの生きている時代を、どう理解したらいいのだろうか。

そもそもなぜ、こんなことを私は考えこんでしまうのだろう――こういう問いに直面した人間は、かならず過去を振りかえるものだ。後ろ向きに悩んでいるのではない。たとえば荒波に揉まれている船上に君がいるとしよう。君の隣にいる船長は頼もしく見える。なぜなら彼には、幾多の航海で積んできた経験があるからだ。つまり私たちは立ちすくんだとき、教訓であれ反省であれ、経験をつまりは過去を背負った人間に身を寄せるのだ。前を向いて歩こう、がんばろう、前進しようという罵声ばかりが聞こえてくる今だからこそ、ひねくれ者の私は、あえて過去を強調しておきたいのである。

六畳一間の被災者借りあげ住宅から、勤務先へかよった数カ月、ほとんどとりつかれた

ように文字を刻んでいた。確かに逃げまどい、住宅を探す日々は辛いものだったが、こうした状況で文字を書かずして、どうして丸山眞男を批判し、吉本隆明や柳田国男の言葉を写す権利があるか、そう思い続けていた。書き終えて取りあげてみると、異様なものを生み出してしまったことに気がつき、愕然とした。

どうして死や独裁、全体主義などという、視るのも嫌な問題を描いてしまったのか、それはどうやら震……安易にこういうことばを発するのを私は慎みたい。テレビや討論会で天災のことを聴くたびに、私の胸はつきあげられるように高鳴る。人は本当に恐ろしいものの前では、一瞬、ことばを失うのが普通だと思う。にもかかわらず情報開示せよ、あの爆発の瞬間に本当は何が起こったのかを検証せよと人は言う。

だが私は戸惑う。

「本当」のことなど、実は聴きたくないのではないか……こわごわ、こんな感想を漏らしてみる。起こってしまった悲惨な出来事に対して、直視に耐えがたい気弱な私は、死者が残してくれたことばを一つひとつ拾うようにしてしか対処できなかった。混乱する被災地と、電力統制による帰宅者でごったがえす東京駅を見て、何が起きようとしているのか、なぜ人はこんな異様な動きをするのか、過去と対話することで流されないようにしたかった。その結果がこの作品となって、今、手元にある。

わが国のことばは今、非常に荒んでいる。

天災のパニックにかこつけて、身振りも大袈裟なことばで溢れかえっている。ことばがほとんどスローガンと同じ単調なものになり、政治に絡め取られ始めているのだ。そこに一矢報いたかった。危機の時代ほど、ことばは繊細な輝きを増すという「人間の逆説」のようなもの、すなわち思想と文学の力を私は信じている。それにかけてみたい、この思いが私にとりつき筆をとらせた。

もちろん自分のことばを、文学作品だと嘯くつもりはない。だが太陽に抱きしめられたように暑い日、余震に胸騒ぎを感じながら小さな食卓で文字を刻んでいる最中、この気概を忘れたことはなかった、これだけは述べておく。そしてできうれば、ことばによって自分の幹を太くし、小柄な母と妻、そして生まれてくるものたちに憩いを与えたいと思う。

京都大学の佐伯啓思先生、東京大学の苅部直先生、そして東北大学の佐藤弘夫・片岡龍両先生にまずは謝意を表したい。そして高校時代の恩師、戸村潔先生。母校立教高校（現立教新座高校）は私の心のふるさとである。これらの先導者がいなければ、この書が刊行されることはなかった。

また同年代の編集者・松田健氏にはひとかたならぬお世話になった。思想書は売れないこのご時世に、無名の書き手にチャンスを与えてくれたのは、ひとえに松田氏の気概による。

勤務校である福島県いわき市の東日本国際大学は、学問の重要性を理解し、私に充分に考える時間を与えてくれる。震災後の混乱のなか、昨今の私立大学の時流に流されないその学風に、あらためて感謝のことばを述べておこう。

二〇一三年五月
被災者借りあげ住宅を出てから九ヵ月目に

先崎彰容

主要引用・参考文献一覧

＊著者名の五十音順。単行本や文庫版など複数の版がある場合は、できうる限り入手しやすく、参照しやすいものを掲載した。

赤坂憲雄　二〇〇八「無縁についての、いくつかの註」（『大航海』65号）

葦津珍彦　二〇〇二『武士道――戦闘者の精神』神社新報社

網野善彦　一九九六『増補　無縁・苦界・楽』平凡社ライブラリー

網野善彦　一九九三『異形の王権』平凡社ライブラリー

網野善彦　二〇一二『新版 日本中世に何が起きたか』洋泉社歴史新書y

ハナ・アーレント　一九八一『全体主義の起原』1〜3、みすず書房

ベネディクト・アンダーソン　一九九七『増補　想像の共同体』NTT出版

ポール・ヴァレリー　一九七四『ヴァレリー全集12　現代世界の考察』筑摩書房

ポール・ヴァレリー　一九八三『ヴァレリー全集補巻2』筑摩書房

江藤淳　一九六七「〝戦後〟知識人の破産」（『江藤淳著作集6』講談社）

江藤淳　一九六七「政治的季節の中の個人」（『江藤淳著作集6』講談社）

江藤淳　一九七三「伊東静雄の詩業について」（『江藤淳著作集　続2』講談社）

江藤淳　一九七三「日本文学と「私」」（『江藤淳著作集　続1』講談社）

江藤淳　一九七三（一九七三a）「戦後と私」（『江藤淳著作集　続1』講談社）

江藤淳　一九七三（一九七三b）「歴史・その中の死と永生」（『江藤淳著作集　続3』講談社）
江藤淳　一九七三（一九七三c）「『ごっこ』の世界が終わったとき」（『江藤淳著作集　続3』講談社）
江藤淳　一九八五『近代以前』文藝春秋
大澤真幸　二〇一一『近代日本のナショナリズム』講談社選書メチエ
大澤真幸　二〇一二『近代日本思想の肖像』講談社学術文庫
大澤真幸編　二〇〇二『ナショナリズム論の名著50』平凡社
大澤真幸・姜尚中編　二〇〇九『ナショナリズム論・入門』有斐閣
小倉紀蔵　二〇一二『入門 朱子学と陽明学』ちくま新書
小野紀明　一九九九『美と政治――ロマン主義からポストモダニズムへ』岩波書店
オルテガ・イ・ガセット　一九八九『個人と社会』白水社
オルテガ・イ・ガセット　一九九五『大衆の反逆』ちくま学芸文庫
加藤典洋　一九九五『アメリカの影』講談社学術文庫
加藤典洋　一九九九『可能性としての戦後以後』岩波書店
加藤典洋　一九九九『戦後的思考』講談社
加藤典洋　二〇〇〇『日本人の自画像』岩波書店
加藤典洋　二〇〇一「解説　内部への折り返しについて」（吉本隆明『柳田国男論・丸山真男論』ちくま学芸文庫）
香山リカ　二〇〇四『〈私〉の愛国心』ちくま新書
萱野稔人　二〇〇五『国家とはなにか』以文社
萱野稔人　二〇一一『ナショナリズムは悪なのか』NHK出版新書

柄谷行人　二〇〇四「死とナショナリズム」(『定本　柄谷行人集4』岩波書店)
苅部直　二〇〇六『丸山眞男――リベラリストの肖像』岩波新書
川崎修　二〇一〇『ハンナ・アレントと現代思想』岩波書店
木田元　一九九三『ハイデガーの思想』岩波新書
アーネスト・ゲルナー　二〇〇〇『民族とナショナリズム』岩波書店
高坂正堯　一九六六『国際政治』中公新書
小浜逸郎　一九九九『吉本隆明』筑摩書房
小林秀雄　一九六二(一九六二a)「私小説論」(『Xへの手紙・私小説論』新潮文庫)
小林秀雄　一九六二(一九六二b)「Xへの手紙」(『Xへの手紙・私小説論』新潮文庫)
小林秀雄　一九六二(一九六二c)「一ツの脳髄」(『Xへの手紙・私小説論』新潮文庫)
佐伯啓思・三浦雅士　二〇〇九『資本主義はニヒリズムか』新書館
佐藤優　二〇〇七『国家論――日本社会をどう強化するか』NHKブックス
末木文美士　二〇一二『現代仏教論』新潮新書
末木文美士　二〇一三『反・仏教学――仏教vs.倫理』ちくま学芸文庫
アントニー・D・スミス　一九九八『ナショナリズムの生命力』晶文社
先崎彰容　二〇〇九「一九六八年革命と網野史観」(『検証　網野善彦の歴史学』岩田書院)
竹内洋　二〇〇五『丸山眞男の時代』中公新書
竹田青嗣・小浜逸郎編　一九九四『力への思想』学芸書林
エンツォ・トラヴェルソ　二〇一〇『全体主義』平凡社新書
中沢新一　二〇〇四『僕の叔父さん　網野善彦』集英社新書

フリードリヒ・ニーチェ　一九九三『権力への意志』上・下、ちくま学芸文庫
マルティン・ハイデガー　一九九四『存在と時間』上・下、ちくま学芸文庫
橋川文三　一九五八「日本ロマン派の諸問題」（『文学』四月号、岩波書店）
橋川文三　一九六五『増補　日本浪曼派批判序説』未来社
橋川文三　一九七七『柳田国男――その人間と思想』講談社学術文庫
橋川文三　二〇〇〇（二〇〇〇a）「日本ナショナリズムの源流」（『橋川文三著作集』2、増補版、筑摩書房）
橋川文三　二〇〇〇（二〇〇〇b）「日本浪曼派と太宰治」（『橋川文三著作集』1、増補版、筑摩書房）
橋川文三　二〇〇一（二〇〇一a）「昭和超国家主義の諸相」（『橋川文三著作集』5、増補版、筑摩書房）
橋川文三　二〇〇一（二〇〇一b）「日本保守主義の体験と思想」（『橋川文三著作集』6、増補版、筑摩書房）
橋川文三　二〇〇五『ナショナリズム――その神話と論理』紀伊国屋書店
福沢諭吉　一九九五『文明論之概略』岩波文庫
福田アジオ　二〇〇七『復刻版　柳田国男の民俗学』吉川弘文館
藤岡俊博　二〇〇七「環境世界の彼方」（『レゾナンス』第五号、東京大学教養学部フランス語部会編）
藤田省三　一九九五『全体主義の時代経験』みすず書房
保阪正康　一九八六『六〇年安保闘争』講談社現代新書
松本健一　一九九五『「第三の開国」の時代に』中央公論社
丸山眞男　一九五二『日本政治思想史研究』東京大学出版会
丸山眞男　一九九五（一九九五a）「超国家主義の論理と心理」（『丸山眞男集　第三巻』岩波書店）

丸山眞男　一九九五（一九九五b）「日本ファシズムの思想と運動」（『丸山眞男集　第三巻』岩波書店）
丸山眞男　一九九六「開国」（『丸山眞男集　第八巻』岩波書店）
丸山眞男　一九九六「八・一五と五・一九」（『丸山眞男集　第八巻』岩波書店）
丸山眞男　一九九六（一九九六a）「安保闘争の教訓と今後の大衆闘争」（『丸山眞男集　第八巻』岩波書店）
丸山眞男　一九九六（一九九六b）「選択のとき」（『丸山眞男集　第八巻』岩波書店）
三浦雅士　一九九六『私という現象』講談社学術文庫
宮本顕治　一九七三『「敗北」の文学』（『現代日本文学大系54』筑摩書房）
柳田国男　一九九〇『先祖の話』（柳田國男全集13、ちくま文庫）
吉本隆明　一九六九「個人・家族・国家」（『吉本隆明全著作集4』勁草書房）
吉本隆明　一九八二『共同幻想論』角川ソフィア文庫
吉本隆明　一九九〇『マチウ書試論・転向論』講談社文芸文庫
吉本隆明　二〇〇一『柳田国男論・丸山真男論』ちくま学芸文庫
吉本隆明　二〇〇四『〈信〉の構造3　全天皇制・宗教論集成』春秋社
吉本隆明・江藤淳　二〇一一『文学と非文学の倫理』中央公論新社
和辻哲郎　一九六二『和辻哲郎全集　第三巻』岩波書店

ちくま新書
1017

ナショナリズムの復権《ふっけん》

二〇一三年六月一〇日　第一刷発行
二〇二五年四月一五日　第三刷発行

著　者　先崎彰容（せんざき・あきなか）

発行者　増田健史

発行所　株式会社　筑摩書房
東京都台東区蔵前二―五―三　郵便番号一一一―八七五五
電話番号〇三―五六八七―二六〇一（代表）

装幀者　間村俊一

印刷・製本　株式会社　精興社

ISBN978-4-480-06722-7 C0212

ちくま新書

008 ニーチェ入門 竹田青嗣
新たな価値をつかみなおすために、今こそ読まれるべき思想家ニーチェ。現代の我々をも震撼させる哲人の核心に大胆果敢に迫り、明快に説く刺激的な入門書。

020 ウィトゲンシュタイン入門 永井均
天才哲学者が生涯を賭けて問いつづけた「語りえないもの」とは何か。写像・文法・言語ゲームと展開する特異な思想に迫り、哲学することの妙技と魅力を伝える。

277 ハイデガー入門 細川亮一
二〇世紀最大の哲学書『存在と時間』の成立をめぐる謎とは？　難解といわれるハイデガーの思考の核心を読み解き、西洋哲学が問いつづけた「存在への問い」に迫る。

238 メルロ＝ポンティ入門 船木亨
フッサールとハイデガーの思想を引き継ぎながら〈身体〉を発見し、言語、歴史、芸術へとその〈意味〉の構造を掘り下げたメルロ＝ポンティの思想の核心に迫る。

200 レヴィナス入門 熊野純彦
フッサールとハイデガーに学びながらも、ユダヤの伝統を継承し独自の哲学を展開したレヴィナス。収容所体験から紡ぎだされた強靭で繊細な思考をたどる初の入門書。

866 日本語の哲学へ 長谷川三千子
言葉は、哲学の中身を方向づける働きを持っている。和辻哲郎の問いを糸口にパルメニデス、デカルト、ハイデッガーなどを参照し、「日本語の哲学」の可能性をさぐる。

254 フロイト入門 妙木浩之
二〇世紀の思想と文化に大きな影響を与えつづけた精神分析の巨人フロイト。夢の分析による無意識世界への探究の軌跡をたどり、その思索と生涯を描く気鋭の一冊。

ちくま新書

474 アナーキズム ——名著でたどる日本思想入門 浅羽通明
大杉栄、竹中労から松本零士、笠井潔まで十冊の名著をたどりながら、日本のアナーキズムの潮流を俯瞰する。常に若者を魅了したこの思想の現在的意味を考える。

623 1968年 絓《すが》秀実
フェミニズム、核家族化、自分さがし、地方の喪失などに刻印された現代社会は「1968年」によって生まれた。戦後日本の分岐点となった激しい一年の正体に迫る。

764 日本人はなぜ「さようなら」と別れるのか 竹内整一
一般に、世界の別れ言葉は「神の身許によくあれかし」、「また会いましょう」、「お元気で」の三つだが、日本人にだけ「さようなら」がある。その精神史を探究する。

819 社会思想史を学ぶ 山脇直司
社会思想史とは、現代を知り未来を見通すための、過去の思想との対話である。近代啓蒙主義からポストモダニズムまで、その核心と限界が丸ごとわかる入門書決定版。

852 ポストモダンの共産主義 ——はじめは悲劇として、二度めは笑劇として スラヴォイ・ジジェク 栗原百代訳
9・11と金融崩壊でくり返された、グローバル危機という掛け声に騙されるな——闘う思想家が混迷の時代を分析、資本主義の虚妄を暴き、真の変革への可能性を問う。

910 現代文明論講義 ——ニヒリズムをめぐる京大生との対話 佐伯啓思
殺人は悪か？　民主主義はなぜ機能しないのか？——ニヒリズムという病が生み出す現代社会に特有の難問について学生と討議する。思想と哲学がわかる入門講義。

990 入門　朱子学と陽明学 小倉紀蔵
儒教を哲学化した朱子学と、それを継承しつつ克服しようとした陽明学。東アジアの思想空間を今も規定するその世界観の真実に迫る、全く新しいタイプの入門概説書。

953
生きるための論語
安冨歩
『論語』には、人を「学習」の回路へと導き入れる叡智がある。その思想を丁寧に読み解き、ガンジー、サイバネティクス、ドラッカーなどと共鳴する姿を描き出す。

906
論語力
齋藤孝
学びを通した人生の作り上げ方、社会の中での自分の在り方、本当の合理性、柔軟な対処力――。『論語』の中には、人生に必要なものがすべてある。決定的入門書。

877
現代語訳 論語
齋藤孝訳
学び続けることの中に人生がある。――二千五百年間、読み継がれ、多くの人々の「精神の基準」となった古典中の古典を、生き生きとした訳で現代日本人に届ける。

766
現代語訳 学問のすすめ
福澤諭吉
齋藤孝訳
諭吉がすすめる「学問」とは？　世のために動くことで自分自身も充実する生き方を示し、激動の明治時代を導いた大ベストセラーから、今すべきことが見えてくる。

912
現代語訳 福翁自伝
福澤諭吉
齋藤孝編訳
近代日本最大の啓蒙思想家福沢諭吉の自伝を再編集&現代語訳。痛快で無類に面白いだけではない。読めば必ず、最高の人生を送るためのヒントが見つかります。

951
現代語訳 福澤諭吉 幕末・維新論集
福澤諭吉
山本博文訳／解説
激動の時代の人と風景を生き生きと描き出した傑作評論選。勝海舟、西郷隆盛をも筆で斬った福澤思想の核心とは。「瘦我慢の説」「丁丑公論」他二篇を収録。

946
日本思想史新論
――プラグマティズムからナショナリズムへ
中野剛志
日本には秘められた実学の系譜があった。『TPP亡国論』で話題の著者が、伊藤仁斎、荻生徂徠、会沢正志斎、福沢諭吉の思想に、日本の危機を克服する戦略を探る。

ちくま新書

591
神国日本
佐藤弘夫
「神国思想」は、本当に「日本の優越」を説いたのだろうか？　天皇や仏教とのかかわりなどを通して、古代から近代に至る神国言説を読み解く。一千年の精神史。

846
日本のナショナリズム
松本健一
戦前日本のナショナリズムはどこで道を誤ったのか。なぜ東アジアは今も一つになれないのか。近代の精神史の中に、国家間の軋轢を乗り越える思想の可能性を探る。

457
昭和史の決定的瞬間
坂野潤治
日中戦争は軍国主義の後ではなく、改革の途中で始まった。生活改善の要求は、なぜ反戦の意思と結びつかなかったのか。日本の運命を変えた二年間の真相を追う。

948
日本近代史
坂野潤治
この国が革命に成功し、わずか数十年でめざましい近代化を実現しながら、やがて崩壊へと突き進まざるをえなかったのはなぜか。激動の八〇年を通観し、捉えなおす。

957
宮中からみる日本近代史
茶谷誠一
戦前の「宮中」は国家の運営について大きな力を持っていた。各国家機関の思惑から織りなされる政策決定を見直し、大日本帝国のシステムと軌跡を明快に示す。

1002
理想だらけの戦時下日本
井上寿一
格差・右傾化・政治不信……戦時下の社会は現代に重なる。その時、日本人は何を考え、何を望んでいたのか？体制側と国民側、両面織り交ぜながら真実を描く。

983
昭和戦前期の政党政治
――二大政党制はなぜ挫折したのか
筒井清忠
政友会・民政党の二大政党制はなぜ自壊したのか。軍部台頭の真の原因を探りつつ、大衆政治・劇場型政治が誕生した戦前期に、現代二大政党制の混迷の原型を探る。

ちくま新書

905
日本の国境問題
――尖閣・竹島・北方領土
孫崎享
どうしたら、尖閣諸島を守れるか。竹島や北方領土は取り戻せるのか。平和国家・日本の国益に適った安全保障とは何か。国防のための国家戦略が、いまこそ必要だ。

997
これから世界はどうなるか
――米国衰退と日本
孫崎享
経済・軍事・文化発信で他国を圧倒した米国の凋落が著しい。この歴史的な大転換のなか、世界は新秩序を模索し始めた。日本の平和と繁栄のために進むべき道とは。

847
成熟日本への進路
――「成長論」から「分配論」へ
波頭亮
日本は成長期を終え成熟フェーズに入った。旧来の成長モデルの政策も制度ももはや無効であり改革は急務である。国民が真に幸せだと思える国家ビジョンを緊急提言。

882
中国を拒否できない日本
関岡英之
大きな脅威となった中国の経済力と軍事力。そこにはどのような国家戦略が秘められているのか。「超限戦」に対して「汎アジア」構想を提唱する新たな地政学の試み。

979
北朝鮮と中国
――打算でつながる同盟国は衝突するか
五味洋治
いっけん良好に見える中朝関係だが、実は恐れ、警戒し合っている。熾烈な駆け引きの背後にある両国の思惑を、協力と緊張の歴史で分析。日本がとるべき戦略とは。

985
中国人民解放軍の実力
塩沢英一
膨張する中国の軍事力に対する警戒感が世界で高まっている。領土領海への野心も小さくない。軍幹部の証言や独自入手した資料で不透明な人民解放軍の実像に迫る。

900
日本人のためのアフリカ入門
白戸圭一
負のイメージで語られることの多いアフリカ。しかし、それらはどこまで本当か？　メディアの在り方を問い直しつつ「新しいアフリカ」を紹介する異色の入門書。